राजस्थानी लोकगीत

साहित्य, समाज और संस्कृति

चन्द्रकान्ता व्यास

प्रभाकर प्रकाशन

ISBN: 978-93-90605-94-1
eISBN: 978-93-90605-95-8

प्रकाशक: प्रभाकर प्रकाशन
प्लॉट नं.-55, मेन मदर डेयरी रोड
पांडव नगर, ईस्ट दिल्ली-110092
फोन: 011-40395855
व्हाट्स ऐप: +91 8447931000
ई-मेल: Sales@pharosbooks.in
वेबसाइट: www.pharosbooks.in
संस्करण: 2021
आवरण: डॉ. मयंक शर्मा
कवर डिज़ाइन: वीरेन्द्र सिंह भंडारी
इनर डिज़ाइन: रोनी उराँव

राजस्थानी लोकगीत साहित्य, समाज और संस्कृति
लेखक: चन्द्रकान्ता व्यास

सक्रिय सहयोग

कमला देवी व्यास
दुर्गावती शर्मा
सत्यनारायण व्यास

समर्पण

जन्मदायिनी माँ

और

वरदायिनी सासू-माँ

के चरणों में

-चन्द्रकान्ता व्यास

अपनी बात

राजस्थानी लोकगीत यहां की नारियों के हृदय की पुकार है। वह पुकार, जो उनकी वास्तविक भावनाओं की प्रतीक है। यहां के पुरुष–प्रधान सामन्ती परिवेश में पराधीनता को भी उन्होंने काल्पनिक आकांक्षाओं की स्वाधीनता के आनन्द में बदल दिया है।

परिवार की बलिवेदी पर सबकुछ त्याग करने वाली स्त्री ने क्या भोगा, क्या सहा, क्या किया और क्या चाहा– इनके स्पष्ट संकेत इन लोकगीतों में देखे जा सकते हैं।

ये गीत नहीं होते तो स्त्रियां बिना मौत मर जातीं। अब गीत भले ही, फिल्मी प्रभाव से रूप, शब्द और राग बदल रहे हैं, पर गीतों और स्त्रियों का सहअस्तित्व हमेशा बना रहेगा। स्त्रियों की जीवन–जड़ें इनमें और रूप बदलकर आने वाले भावी गीतों में ही निहित रहेगी।

जयपुर (राजस्थान)

जनवरी, 2018

– चन्द्रकान्ता व्यास

क्रम

अध्यायः 1

राजस्थानी गीत और वैदिक साहित्य

राजस्थान के लोकगीतों की साहित्यिक और सांस्कृतिक विवेचना करने से पहले यह जानना जरूरी है कि लोक-साहित्य क्या है? ये दो शब्द हैं- 'लोक' और 'साहित्य' यानी 'लोक का साहित्य।' यह युगों-युगों से चला आया वह चिरन्तन साहित्य है, जो हमें 'मौखिक परम्परा' से प्राप्त होता है। जिसके रचयिता का पता नहीं और जिसे समस्त लोक अपनी कृति मानता है।

सामान्यतः लोक-साहित्य का विभाजन इस प्रकार है-

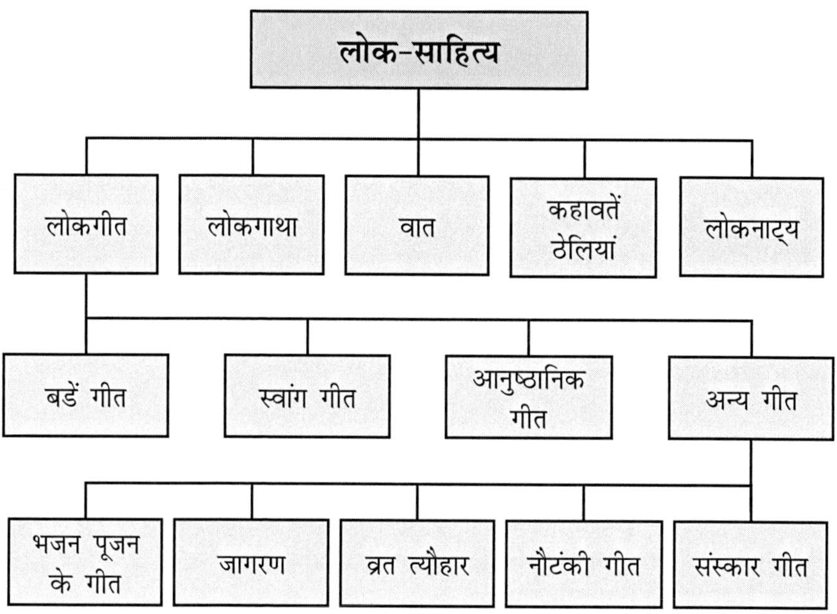

अतः राजस्थानी लोकगीत, विराट् लोक-साहित्य की एक उपविधा है। लोकगीतों

का संग्रह अपने-आप में एक चुनौती भरा काम है। सहजता, सरलता और सादगी लोकगीतों का अनिवार्य लक्षण है।

राजस्थानी लोकगीत लोक-कंठ का अक्षय धन हैं, जो यहां के लोकहृदय के ऐश्वर्य के प्रतीक हैं और साथ ही यहां की सांस्कृतिक चेतना के प्रतीक भी।

वैदिक साहित्य

वेदों को अपौरुषेय कहा गया है। भारतीय धर्म, संस्कृति एवं सभ्यता का भव्य प्रासाद जिस दृढ़ आधारशिला पर प्रतिष्ठित है, उसे 'वेद' नाम से जाना जाता है। भारतीय आचार-विचार, रहन-सहन तथा धर्म-कर्म को भलीभाँति समझने के लिए वेदों का ज्ञान बहुत आवश्यक है। संपूर्ण धर्म-कर्म के मूल-स्वरूप तथा यथार्थ कर्तव्य-धर्म की जिज्ञासा वाले लोगों के लिए वेद सर्वश्रेष्ठ प्रमाण हैं।

ऋषियों ने अपने मन और बुद्धि से कोरी कल्पना न करके एक अपौरुषेय शाश्वत सत्य की, स्वचेतना के उच्चतम स्तर पर अनुभूति की और उसे मन्त्रों का रूप दिया। वे चेतना क्षेत्र की रहस्यमयी गुत्थियों को अपनी आत्मसत्ता रूपी प्रयोगशाला में सुलझाकर, सत्य का अनुशीलन करके उसे शक्तिशाली काव्य के रूप में अभिव्यक्त करते रहे हैं।

इसी आधार पर वेदों को श्रुति कह कर पुकारा गया। यदि श्रुति का भावात्मक अर्थ लिया जाए तो वह है- स्वयं साक्षात्कार किए गए ज्ञान का भाण्डागार। इस तरह समस्त धर्मों के मूल के रूप में माने जाने वाले देव-संस्कृति के रत्न-वेद हमारे समक्ष ज्ञान के एक पवित्र कोश के रूप में आते हैं। ईश्वरीय प्रेरणा से अन्तःस्फुरणा (इल्हाम) के रूप में "आत्मवत् सर्वभूतेषु" की भावना से सराबोर ऋषियों के द्वारा उनका अवतरण सृष्टि के आदिकाल में हुआ।

वेदों की ऋचाओं में निहित ज्ञान अनन्त है तथा उनकी शिक्षाओं में मानव-मात्र ही नहीं, वरन् समस्त सृष्टि के जीवधारियों-घटकों के कल्याण एवं सुख की भावना निहित है।

वेद दीर्घकाल से भारतीय जन-जीवन के अंग रहे हैं। आज यह समझा जाता है कि भारतीय जन-जीवन भी वेद-विज्ञान से बहुत दूर जा पड़ा है, किन्तु 'यजुर्वेद संहिता', वैदिक साहित्य का ऐसा प्रभाग है जो आज भी जन-जीवन में अपना स्थान किसी-न-किसी रूप में बनाए हुए है। भारतीय संस्कृति, 'देव-संस्कृति' है, और उसके अनुयायी, पश्चिमी सभ्यता से कितने भी प्रभावित क्यों न हो गए हों, जन्म से लेकर विवाह एवं अन्त्येष्टि तक संस्कारपरक कर्मकाण्डों से उनका संबंध थोड़ा-बहुत बना ही रहता है। संस्कारों एवं यज्ञीय कर्मकाण्डों के अधिकांश मंत्र यजुर्वेद के ही हैं। उन मन्त्रों

की शक्ति एवं प्रेरणाओं का संपर्क भारतीय जन-जीवन के साथ निरंतर बना हुआ है।

वेद को 'श्रुति' इसलिए कहा जाता है कि दिव्य ज्ञान का यह प्रवाह गुरु या आचार्य के श्री-मुख से सुनकर शिष्यों द्वारा विस्तार पाता रहा। महर्षि वेदव्यास ने उसे चार-प्रभागों यानी संहिताओं में संपादित करके व्यवस्थित किया।

लोकगीत और वेद-मन्त्रः

तुलनात्मक परिदृश्य

वेदों के मन्त्रद्रष्टा ऋषियों का हमें पता है, किन्तु राजस्थान के लोकगीतों के रचयिता का कोई अता-पता नहीं है। एक चिरन्तन माँ है, जो अपनी बहू और बेटियों को लाड़-प्यार के साथ इन्हें सौंप कर जाती है और वे बहू-बेटियां पुनः अपनी अगली पीढ़ी को आगे से आगे तक। हालांकि, लोकगीतों के नैरन्तर्य का यह क्रम शहरों और कस्बों में अवरुद्ध या समाप्तप्रायः हो गया है। पर, शायद गाँवों में ऐसी रुकावट अभी सघन नहीं हुई है।

लोकगीत और वेद-मन्त्र साथ-साथ आगे बढ़ते रहे हैं। अतः इनमें भावनाओं की समानता और एकरूपता स्थान-स्थान पर देखने-सुनने को मिलती है। पर, यह ध्यान में रखना चाहिए कि लोक से वेद की उत्पत्ति हुई है, वेद से लोक की कदापि नहीं। फलस्वरूप, शास्त्रज्ञों ने एक नया सुभाषित गढ़ा- 'लोके च वेदे च।' अर्थात्, जो लोक में है, वही वेद में है। लोकजन की भावनाएं, आकांक्षाएं, कल्पनाएं, प्रार्थनाएं, मान्यताएं- बहुत कुछ वेद-मन्त्रों में उसी तरह प्रतिध्वनित हुई हैं।

अतः शुक्ल यजुर्वेदीय 'रुद्राष्टाध्यायी' के आठवें अध्याय के नवें और दसवें मन्त्र का तुलनात्मक उदाहरण देखने योग्य है-

ॐ उर्क्च में सुनृता च मे पयश्च में रसश्च मे घृतं च मे मधु च मे सग्धिश्च मे सपीतिश्च मे कृषिश्च मे वृष्टिश्च मे जैत्रंच मे औद्भिद्यंच मे यज्ञेन कल्पन्नाम्

॥9॥

रयिश्च मे रायश्च मे पुष्टंच मे पुष्टिश्च मे विभुच मे प्रमुचमे पूर्णंचम पूर्णतरंच मे कुयवंच मे क्षितिंच मे न्नंच मे क्षुच्च मे यज्ञेन कल्पन्ताम्

॥10॥

उक्त मन्त्रों में यज्ञ करते हुए ऋषि देव-शक्तियों से यह प्रार्थना कर रहे हैं कि हमें

दूध, रस, घी, कृषि की निर्विघ्नता, वर्षा, धन-धान्य, विभुता, प्रभुता और पूर्णता प्रदान करें। यही नहीं, अन्न, जौ, उड़द, तिल, मूंग, गेहूं, चावल, सावा, नीवार, मसूर, पशु-धन और चरागाह आदि सभी, यज्ञ द्वारा प्रदान करें।

तो इधर, राजस्थान के लोकगीतों में भी देखिए कि लाडा-लाडी या बीन्द-बीन्दणी हाथ जोड़कर गजानन से यों प्रार्थना कर रहे हैं-

येक लाडो तो लाड़ी हाथ जोड़े
बेदाँ का झणकार में।
येक गुळ की तो गूंण बंधावो बन्यायक
खाण्ड बधजो खोतळाँ।
येक पापड़ बधजो जेटां ओ जेटां
बड़ी वो बधजो छाबड्याँ।।
येक चाँवळ चंगेड्यां बधावो बन्यायक
मूंग बधजो मोकळा।
येक घिरत घलोड्याँ बधावो बन्यायक
तैल बधजो सीधड्यां।।
येक खरचौ तो बरछै एक मन, चत
जस हिंया संसार में।
येक खोतड़ली जस देवो बन्यायक
लाडली का बाप ने।।
एक जीभड़ली रस देवो बन्यायक
लाडली की मांय ने।।

भावार्थ यह है कि वेद मन्त्रों के वाचन की झणकार के बीच, वर और वधु हाथ जोड़कर गणपति से प्रार्थना और याचना कर रहे हैं कि महाराज! हमारे घर में सदैव गुड़ की गूंण (बैल की पीठ पर लादने योग्य बोझ की मात्रा) और शक्कर का खोतळा (घोड़े पर लादे जाने जितना वजन) बचता ही रहे। पापड़ की जेट, मूंगबड़ी टोकरियों भर, चावल चंगेड़ीभर (बड़ा टोकरा) और मूंग भरपूर बढ़ते हुए भरे रहें। घी घलोड़ी (घी का पात्र) भर-भर, तैल सीदड्यों (तैल भरने का पुराना बड़ा पात्र) भर, घर में बढ़ता रहे। जो खुशी में उत्साहपूर्वक खर्च करते हैं, उनका संसार में यश बना रहता है। इसलिए, हे गजानन जी महाराज! आप बेटियों के बाप को थैला भर-भर यश प्रदान करें और बेटियों की माँ को मीठी वाणी बोलने वाली रसना प्रदान करें।

इसी तरह, यजुर्वेद के ही निम्नलिखित मन्त्रों का भावार्थ भी यहां के लोकगीतों से

पर्याप्त समानता रखता है। पहले मन्त्रों का पाठ देखें-

सं वर्चसा पयसा सं तनूभिरगन्महि
मनसा सं शिवेन। त्वष्टा सुदत्रो
विदधातु रायोनुमार्ष्टु तन्वो यद् विलिष्टम्।।

(8-14)

अर्थात्, हम सब ब्रह्मतेज से संपन्न दुग्धादि रसों से परिपूर्ण श्रेष्ठ शरीर और शिवसंकल्पकारी मन से सदा युक्त रहें। श्रेष्ठ दान-प्रदाता त्वष्टादेव हमें ऐश्वर्य प्रदान करें तथा हमारे शरीर में जो भी कमी हो, उसे दूर करें।

समिन्द्र नो मनसा नेषि गोभिः सं सूरिभिर्मघवन्त्सं स्वस्त्या।
सं ब्रह्मणा देवकृतं यदस्ति सं देवानां सुमतौ यज्ञियानां स्वाहा।।

(8-15)

अर्थात्, हे ऐश्वर्यवान् इन्द्रदेव! आप हमें श्रेष्ठ मन, गायों-पशुओं और ज्ञानीजनों तथा श्रेष्ठ कल्याणकारी भावनाओं से युक्त क्रें। ज्ञानप्रेरित दिव्य श्रेष्ठ कर्मों से हमें जोड़ें।

धाता रातिः सवितेदं जुषन्तां प्रजापतिर्निधिया देवो अग्निः
त्वष्टा विष्णुः प्रजया सं रराणा यजमानाय द्रविणं दधात स्वाहा।।

(8-17)

अर्थात्, दानशील धाता-विधाता सर्वोत्पादक सविता, प्रजा के पालक प्रजापति, दैदीप्यमान अग्निदेव, त्वष्टादेव और सर्वव्यापक विष्णुदेव- सभी देवगण हमारी आहुति स्वीकार करें। ये सभी देवता यजमान की सुसन्तति से प्रसन्न होकर प्रचुर धन-साधनादि प्रदान करें। हमारी यह आहुति उत्तम रीति से ग्रहण करें।

ऐसे ही भावयुक्त एक और वेदमन्त्र में तदनुरूप प्रार्थना की गई है-

ऊँ स्तुता मया वरदा वेदमाता
प्रचोदयन्तां पावमानी द्विजानाम्
आयुः प्राणं पशुं कीर्तिं द्रविणं ब्रह्मवर्चसं मह्यं दत्वा व्रजत ब्रह्मलोकम्।।

इस मंत्र से प्रार्थना करते हुए जीवन, आयु, प्राण, पशु, यश, धन-दौलत आदि की कामना की गई है। इधर, राजस्थानी लोकगीतों में भी उपरोक्त मंत्रों से भाव-समता वाले अनेक गीत मिलते हैं। यहां भी वैसी ही प्रार्थना और कामना की जा रही है।

एक और मंत्र के भाव ऋग्वेद से देखिए-

प्रजापति र्मह्यमेता रराणो विश्वैर्देवैः पितृभिः संविदानः।
शिवाः सतीरूप नो गोष्ठमाकस्तासां वयं प्रजया सं सदेम॥

(ऋ. 10-169-4)

अर्थात् देवगणों और पितरगणों से परामर्श करके प्रजापति ने इन उत्तम गायों को हमारे लिए प्रदान किया है। इन सभी गायों को कल्याणकारी बनाकर वे हमारी गोशालाओं में भिजवाएं, जिनसे सन्तान और दुग्ध आदि पाकर हम वैभवशाली बन सकें।

यही नहीं, 'ऋग्वेद के सूक्त 89' के एक से लेकर दस तक के मन्त्रों में भी ठीक ऐसी ही भावना व्यक्त की गई है।

लोकगीतों में पितरों तथा देवताओं से प्रार्थना इस तरह की गई है-

पूरबज आया म्हारी अळियां वो गळियां
तो फूल बखेरू चंपा कळियां ओ
पूरबज भला ही पधार्या॥
पूरबज आओ म्हारे हसत्यां रे ठाणे तो
हसत्यां कजळ्या हाथी जाया ए,
पूरबज भला ही पधारया॥
पूरबज आया म्हारी घोड़्यां रे ठाणे
तो घोड़्यां फूल बछेरा जाया ए पूरबज भला ही पधार्या॥
पूरबज आया म्हारी भैस्यां रे ठाणे
तो भैस्यां भूरी पाडी जाया ए
पूरबज भला ही पधार्या॥
पूरबज आया म्हारे गायां रे गवाड़े
तो गायां धोळ्या धोरी जाया ए
पूरबज भला ही पधार्या॥
पूरबज आया म्हारी धीयड़ल्यां रे ओवरे
तो धीयड़ल्यां धरम दोयता जाया ए
पूरबज भला ही पधार्या॥
पूरबज आया म्हारी बवां रे ओवरे तो
बवाँ बंस बधारण जाया ए
पूरबज भला ही पधार्या॥
पूरबज आया म्हारे कोठ मंडीले तो

अनधन लछमी बधाया ए
पूरबज भला ही पधारया।।

इस लंबे गीत का संक्षिप्त भावार्थ भी लगभग वेदमंत्रों जैसा ही है कि पूर्वज यानी पितर देवता हमारे बाग-बगीचे में आए हैं तो चंपा की कलियां खिल उठीं, हथिनियों की शाला में आए तो कज्जलवर्णी हाथी-बच्चे जनमे, भैंसों के ठाण में आए तो भूरी पाडियां जनमीं, गायों की ठाण में आए तो गायों ने बैल-बछड़ों को जन्म दिया। यही नहीं, बेटियों के घर में पितर आए तो बेटियों ने दोहितों को जन्म दिया और बहुओं के निवास में आए तो वंश बढ़ाने वाले बेटों को जन्म दिया। वे हमारे कोठे और भंडार में आए तो अन्न, धन और लक्ष्मी की वृद्धि कर गए हैं।

इसी प्रकार ऋग्वेद का एक प्रसिद्ध मंत्र है-
आ नो भद्राः क्रतवो यन्तु विश्वतोऽदब्धासो अपरीता स उद्भिदः।
देवा नो यथा सदमिद् वृधे असन्न प्रायुवो रक्षितारो दिवे दिवे।।
(ऋग्वेद 89-969)

अर्थात् कल्याणकारी किसी के दबाव में न आने वाले अपराजित समुन्नतिकारक शुभकर्मों को हम सभी ओर प्राप्त करें। प्रतिदिन सुरक्षा करने वाले समस्त देवगण हमारा संवर्धन करते हुए हमारी रक्षा करने में समुद्यत हों।

मंगलकार्यों में आने वाले विघ्नों का नाश करने हेतु वैदिक ऋषि की यह ऋग्वेद वर्णित प्रार्थना का मंत्र भी यहां प्रासंगिक है-

पिशंगभृष्टिमम्भृणं पिशाचिमिन्द्र सं मृण।
सर्वं रक्षो नि बर्हय।।

(ऋग्वेद 133-5)

यानी, हे इन्द्रदेव! आप क्रोधाग्नि से लाल हुए शस्त्रधारियों एवं विशालकाय पिशाचों को नष्ट करें और समस्त राक्षसी शक्तियों का विनाश करें।

ठीक, इसी अनुरूप लोकगीत में विघ्नविनाशक गणपति से प्रार्थना की जा रही है-

एक बाव बाजे बीजू ओ चमकै
अतरी वो रक्षा गुणपत थैं करो।
एक डूंझ डकेरा ने जळ परवाई
अतरी वो रक्षा गुणपत थैं करो।।
म्हारी लाडली को चीर बधजो

राई ओ बर को सेवरो।
अेक बधजो लाडी गोत तुम्हारो
अेक पीयर दूजो सासरो।।
अेक ऊदो य ऊदो कर आवो बन्यायक
कुसळ कुसळ होय बैठजो।।

हे गणपति! आंधी–तूफान, बारिश, बिजळी, जलप्रलय आदि से हमारी रक्षा आप करना और हमारी लाडली का चीर बढ़ाना। राईबर (दूल्हे) के सेवरे की रक्षा करना। लाडली के पीहर और ससुराल की वंश–वृद्धि करना। हमारे ऐसे सौभाग्य को साथ लेकर, हे विनायक! आप कुशलता बढ़ाते हुए आप यहां आसन ग्रहण करें।

ऐसे विघ्न–बाधाएं हटाने की प्रार्थना जहाँ वेदों में अनेक बार आई हैं, वहीं लोकगीतों में भी कई–कई बार आई हैं। गणेशजी से, देवी से, पितरों से, इष्टदेव से, चतुर्भुज विष्णु भगवान् से हर मांगलिक वेला पर विघ्न–निवारण की कामना की गई है। देवी से की गई ऐसी ही प्रार्थना है–

वारी ओ म्हारी आद भवानी
खेड़ा रखवाळी
बालूड़ा रखवाळी ए मांय

X X X

दूधां का पीवण वाळा बगसो म्हारी आद भवानी
डूंगर की धराणी
अमर बन्धा दे य जरण पालणो।।

ओ मेरी आदि भवानी, बस्ती की रक्षा करने वाली माँ! आप हमारे बालकों की रक्षा करती हो। आप हमें दूध पीने वाले शिशु प्रदान करो। हे पर्वतवासिनी, हमारे घर में अमर पालना बंधवा देना।

वेद में भी माँ सरस्वती से उत्तम संतान की मांग की जा रही है–

त्वे विश्वा सरस्वती श्रितारषि देव्याम।
शुन होत्रेषु मत्स्व प्रजां देवि दिदिऽश्नि:।।

(यजुर्वेद)

अर्थात्, हे माता सरस्वती! आपके तेजस्वी आश्रय से ही संपूर्ण जीवन सुखमय है। अत: आप पवित्र करने वाले यज्ञ में आनंदित होकर हमें उत्तम सन्तान प्रदान करिए।

जबकि, इधर कुलदेवी से कुंवारों के विवाह और विवाहितों के लिए सन्तान की कामना इस गीतांश में की जा रही है-

परण्यां की बेल बधारजे दियाड़ी, ए माता
तो कुँवारां के मोड़ बंधावजे दियाड़ी, ए माता
तो अनधन लछमी बधावजे दियाड़ी, ए माता

इसी तरह, एक दूसरे पक्ष प्रकृति-सौन्दर्य में सूर्य, चन्द्रमा, नदियों और जलराशि का मिलता-जुलता वर्णन वेदों और लोकगीतों में उसी सादगी और भव्यता के साथ देखने को मिलता है। पहले, यहां के लोकगीत में जिसे 'परभाती' कहकर महिलाएं प्रभातकाल में ही गाया करती हैं, का आस्वादन कर लें-

सूरज ऊग्यो जी डूंगरिया री खांम
सूरज भल ऊगियो।
पोढ्या जागो जी सूर्य चन्द्रमां ओ आप
गजानन्द जी वो आप
चारभुजाजी वो आप
सदाशिवजी वो आप
सती द्याड़ी वो आप पतरबावजी वो आप
सगळा देवता ओ आप
सूरज भल ऊगियो॥

यह 'परभाती' गीत काफी लंबा है, जिसमें सूर्योदय वेला का मनोहारी चित्रण है। सूरज दो पहाड़ों की बीच की सन्धि में से उदित हो रहा है। हे सोये हुए देवताओं! आप सब जागिए- गणेश जी, चारभुजा जी, शिवजी, सती, पितरगण सारे देवता उठिए। प्रभात हो गया है। आपके घर में यहां विवाह का मंगल अवसर है। अतः रिद्धि-सिद्धि को बुलाकर समृद्धि बढ़ाइए। यह आलस्य का समय नहीं है।

इस तरह, सूर्योदय के साथ ही कर्मशीलता का उत्साह वरेण्य है।

वैदिक ऋषियों ने सूर्योदय से भी पहले की उषाकालीन छवि का अनेक बार जमकर वर्णन किया है और पूरा उषासूक्त ही रचा गया है। एक उदाहरण देखें-

उपो अदर्शि शुन्ध्युवो ने वक्षो
नो धाइवाविरकृत प्रियाणी।
अद्म सन्न ससतो बोधयन्ती

शश्वतमागात्पुनरेयुषीणाम्॥

(ऋग्वेद 124-4)

अतः अर्थ यह है कि शुद्ध पवित्र वक्षस्थल के समान देवी उषा समीप से ही दिखाई देती है। नयी वस्तुओं का निर्माण करने वाली के समान देवी उषा ने अपने किरण रूपी अवयवों को प्रकट किया है। जिस प्रकार गृहस्थ महिलाएं सोये परिजनों को जगाती हैं, वैसे ही भविष्य में आने वाली सर्वप्रथम ये देवी उषा दुबारा हमें जगाने के लिए आ गई हैं।

ठीक, इसी से मेल खाता हुआ यह लोकगीत भी जानने योग्य है-

राजा ऊँचो सो चँवरों चौखूंटो
जठे ढाळी नौरंगी सेज
हर बोलो बियाणा रळियावणां।
जठे जाय रामचन्दरजी पौढ़िया
वाँने आई छै सुखभर नीन्द
हर बोलो बियाणा रळियावणां॥
वाँकी राण्यां जो जाय जगाइया
जागो जागो बाईसा रा बीर
पोढ्या जागो बाईसा रा बीर
पोढ़्या जागो सासूजी रा लाल
हर बोलो बियाणा रळियावणां॥
राजा जाग्या ने पेंच सँवारिया
वाँका पेंचां पे हीरा मोती लाल
वाँका पेचाँ ऊपर उड़ेय गुलाल
हर बोलो बियाणा रळियावणां॥

अर्थात्, प्रातःकाल बड़ा रमणीय है। यहां 'बियाणा' शब्द सुबह का सूचक है, जो संस्कृत के विहान- प्रातःकाल का तद्‌भवरूप है। ऊँचे चौखूंटे महल में नौ रंगवाली शय्या बिछी है जहां श्रीरामचन्द्र सुखभरी नीन्द में मग्न हैं। उन्हें उनकी रानीजी यह कहते हुए जगाती है कि नणंद बाई के वीर और सासूजी के सपूत, उठिए। तब महाराज जागे, पाग के पेंच सँवारे। पेंच पर हीरे-मोती जड़े हुए हैं और उस पर गुलाल भी उड़ रहा है। ऐसी प्रातःकाल की यह सुन्दर वेला है।

सूर्योदय, उषाकाल के साथ चन्द्रमा की शोभा का वर्णन भी वेद और लोकगीत

दोनों में उपलब्ध है। सोम यानी चन्द्रमा की स्तुति का एक वेदमन्त्र है- (हालांकि वेद में 'सोम' शब्द द्वयर्थक है- सोमरस और चन्द्र)

इन्द्रस्य सोम राधसे शं पवस्व
विचर्षणे। प्रजावद्रेत आ भर॥

(ऋग्वेद 9-60-4)

हे विश्व के द्रष्टा सोमदेव, इन्द्रदेव की तुष्टि के लिए आप शांतिदायक रस प्रदान करें तथा हमें बलशाली सन्तति देने की कृपा करें।

एक और मंत्र इसी तरह का ऋग्वेद से अवतरित करना यहां उचित होगा-

पवमान महिश्रवो गामश्वं रासि वीरवत्।
सना मेधां सना स्वः॥

(ऋग्वेद 9-9-9)

हे सोमदेव! आप अन्न, गौ तथा अश्व सहित वीर संतति प्रदान करने वाले हैं। इन संपूर्ण ऐश्वर्यों से युक्त करते हुए आप हमें सद्बुद्धि प्रदान करें।

राजस्थान में महिलाओं द्वारा चंद्रमा को अर्घ्य देने का एक बहुत प्रचलित गीत गाया जाता है। वे करवाचौथ, काजळी तीज, ऊब छठ और महालक्ष्मी का व्रत रखती हैं, तो शाम को चन्द्रोदय के बाद चन्द्रमा का पूजन करके अर्घ्य देती हुई गाती हैं-

चांदा हेलो ऊगीयो ये हरिया बाँस कटाय
साजन ऊबा बारणे आखा पाती लेय।
पीळो फेर्यो आपके मीठो जीम्यो बापके
बड़ी तीज का चांदना, करवा चौथ का चांदण
ऊब छठ का चांदण, महालक्ष्मी का चांदण
अरघ देतां जीवो म्हारा बीर, भरतार॥

फिर, चांदणी में सुहागिनें सब इकट्ठी होकर लोटे के जल में सभी एक साथ हाथ डालकर सात बार इस गीत को दोहराती हैं और भाई और पति के परिवार की मंगल कामना करती हैं।

जिस तरह, वेद मंत्रों में अनेक जगह विपदाओं से रक्षा और रोग निवारण हेतु प्रार्थना की गई है, उसी तरह यहां की स्त्रियां आसन्न संकट और व्याधियों से डरी रहती हैं। अतः वे शीतळा माता से प्रार्थना करती हैं कि उनके बच्चों की चेचक से रक्षा करे।

पहले, वेदमंत्र को देखें, जहां गर्भस्थ संतान की रक्षा का आश्वासन दिया गया है-

यस्ते गर्भममीवा दुर्णामायोनिमाश ये
अग्निष्टं ब्रह्मणा सह निष्क्रव्यादमनीनशत्॥

(ऋग्वेद 10-162-2)

यस्ते हन्ति पतयन्तं निषत्स्नुं यः
सरीसृपम्। जातं यस्ते जिघांसति
तमितो नाशयामसि॥

(ऋग्वेद 10-162-3)

इन दोनों का तात्पर्य यह है कि- हे स्त्री! विभिन्न रोग या पैशाचिक शक्तियां तुम्हारे गर्भ को पीड़ित करना चाहती हैं, हम उन्हें दूर करके नष्ट करते हैं। निश्चिन्त रहो।

जबकि चेचक या 'छोटी-बड़ी माताजी' बच्चे को निकलने की आशंका से बचने हेतु राजस्थान की माताएं यह गीत गाती हैं-

अब कंई होसी जी म्हारा हालरिया रा बाप
बागाँ में वो आई सीतळा।
अब कंई होसी जी म्हारा कान्ह कँवर का बाप
चौवट में आई सीतळा॥
थूं क्यूं डरपै ये म्हारी सदा सवागण नार
माळी ने ठूंठी सीतळा।
थूं क्यूं धड़कै ये म्हारी बाली भोळीनार,
चौरास्यां ठूंठी सीतळा॥
थूं क्यूं डरपै ये म्हारी
सदासवागण नार
कँवर्यां ने ठूंठी सीतळा॥

इस गीत में माँ अपने बच्चे की चेचकग्रस्त होने की आशंका से भयभीत है कि गाँव में, बगीचे में, चौराहे पर और फिर पालणे तक सीतळा माता आ गई है। अब क्या होगा? पति कहता है कि डर मत। वह माळी की, गाँव वालों की और हमारे बच्चों की सबकी रक्षा करेगी। इन्हें मारेगी नहीं। आकर चली जाएगी।

उपर्युक्त तथ्यों के आधार पर हमें यह कहने में हिचक नहीं होती है कि जो विषय-वस्तु और भावनाएं वेद मंत्रों में हैं- वे प्रायः राजस्थानी लोकगीतों में भी मौजूद

हैं। चाहे प्राकृतिक सुषमा का वर्णन हो, चाहे देवता-पितरों की स्तुतियां हों। यहां तक कि पशु-पक्षियों का उल्लेख और वर्णन भी वेद और लोकगीतों में समान है।

वेदों की तरह, लोकगीत भी श्रुति-परंपरा से अनन्तकाल से चले आ रहे हैं। वेद को तो कहा ही 'श्रुति' गया है। श्रुत को कण्ठ करके पुनः सुनाने वाले श्रोत्रिय कहलाए और उसकी व्याख्या करने वाले व्यास कहलाए।

ज्ञात रूप से सर्वप्रथम वेदों का विभाजन चार वेदों के रूप में और उनकी व्याख्या भी करने से कर्ता ऋषि वेद व्यास कहलाए। जबकि, असल में उनका सही नाम बादरायण और कृष्णद्वैपायन था। कहा गया है-

विव्यास वेदान्यस्मात्सः
तस्माद् व्यास इति स्मृतः॥

(महाभारत, 1-63-88)

इसी तरह, श्रीमद्भागवत ग्रन्थ का यह श्लोक भी इसी आशय को प्रकट करता है-

ऋक्यजुः सामाथर्वाख्यान् वेदान्
पूर्वादिभिर्मुखैः शस्त्रमिज्यां।
स्तुति स्तोमं प्रायश्चितं व्यधात क्रमात्॥

(श्रीमद्भागवत 3/12/37)

अर्थात् ऋक् का विषय है- शस्त्र (होता द्वारा सामान्य ढंग से प्रयुक्त किए जाने वाले मंत्र) यजुः का विषय है- इज्या (यज्ञकर्म), साम का विषय है- स्तुति-स्तोम (गेय ऋचाएं) तथा अथर्व का विषय है- प्रायश्चित विधान (साधकों के निमित्त आंतरिक एवं बाह्य शोधन प्रक्रिया के उपचार-सूत्र)।

चारों वेदों की ऋचाओं में निहित ज्ञान अनन्त है तथा उनकी शिक्षाओं में मानव मात्र की ही नहीं, वरन् समस्त सृष्टि के जीवधारियों में घट-घट के सुख की भावना निहित है, वैसे ही राजस्थानी लोकगीतों में भी ज्ञान, प्रार्थना, कर्मयोग, गेय-पद्धति, संगीत-शास्त्र की बातों की प्रायोगिक शिक्षा पा सकते हैं। जैसे सामवेद में संगीत है तो यहां के लोकगीतों में विविध प्रकार की राग-रागिनियां और धुन है। किसी-किसी एक गीत में तो, दो-तीन भिन्न राग व धुन एक जगह मिलेंगी।

अध्यायः 2

राजस्थानी लोकगीतों का साहित्यिक सौन्दर्य

साहित्य के दो प्रमुख पक्ष हैं- सुन्दरता और सामाजिक हित। यानी, मनोरंजन की शक्ति और लोक-संग्रह की जिम्मेदारी। इन दोनों के भीतर एक और खास बात समायी हुई रहती है और वह है- लोकचित्त का प्रतिबिंबन। जिसे द्विवेदी-युग में "साहित्य समाज का दर्पण" कहा गया। या, आचार्य शुक्ल के महान् साहित्येतिहास ग्रन्थ में जिसे "जनता की संचित चित्तवृत्तियों का समूह" कहा गया है।

जीवन का मूल आधार 'रस' है। यही रस साहित्य का भी मूल आधार है। रस के बिना जीवन और साहित्य दोनों बेकार और नीरस हैं। काव्यशास्त्र में कहा गया है कि "रस्यते आस्वाद्यतेऽति रसः।" अथवा "सरतेति रसः।" अर्थात् जिसमें मजा, स्वाद और लुत्फ हो, पकड़ हो- वह रस है। या जो रिसता हो, द्रवित होता हो, जीवन को आर्द्र बनाता हो- वह रस है। यह रस जीवन के आभोग, आस्वादन, अभावजन्य कल्पना और इच्छाओं से उत्पन्न होता है।

लोकगीतों के साथ लोक-भजनों को भी जोड़कर देखना चाहिए। भजन हमेशा भक्ति, धर्म और अध्यात्म से घुले-मिले रहते हैं। कहीं-कहीं गीतों में भी भक्ति, आराधना और दैविक सौन्दर्य का वर्णन दृष्टिगोचर होता है। गीत और भजन दोनों में गेयता रहती है। गीतों में जहां लोक मानस की आकांक्षाएं हिलोरे लेती नज़र आती हैं तो भजन में श्रद्धा और सेवाभाव प्रमुख होता है।

यहां साधारण हाड़-मांस की नारी के सौन्दर्य और भगवती देवी के सौन्दर्य में ज़्यादा अन्तर नहीं है। क्यूंकि देवी भी तो स्त्री-रूपा ही है। वैदिक ऋषियों ने भी 'उषा' को स्त्री-रूपा मानकर उसके आकर्षक रूप सौन्दर्य और यौवन का वर्णन किया है।

बना-बनी के सौन्दर्य-प्रसाधन के वर्णन में लोक-मानस ने हृदय खोल कर रख

दिया है। विवाह में उबटन लगाने वाली स्त्रियों द्वारा बनी के पक्ष में यह सौन्दर्य-विधान देखिए, जिसे 'पीठी' का गीत माना जाता है -

सुण सुण रे उदियापुर का रे तेली
सुण सुण रे उदियापुर का रे तेली
थारी घाणीं में केसर कसतूरी
उर राळूं जायफल अर जावतड़ी।
यो तैल लाडलड़ी रे अंग चढसी
यो तैल गोतबड़ी रे अंग चढसी।।
सुण सुण रे उदियापुर का रे तेली
थारी घाणीं में केसर कसतूरी।।

साहित्य की आत्मा सौन्दर्य-विधान में है और सौन्दर्य के केन्द्र दो हैं- स्त्री-पुरुष की देह तथा विशाल प्रकृति की गोद। छायावाद में इन दोनों को मिलाकर एक नई प्रतीक-पद्धति की कला अपनाई गई। राजस्थान में नारी के सुहाग की खास पहचान कलाइयों में पहना जाने वाला चूड़ा है। यह चूड़ा हाथी दांत, लाख और हीरों से जड़ा होता है। चूड़े से राजस्थानी नारी को अटूट प्रेम है और उसके साथ 'चूनड़' से भी। चूनड़ वह ओढ़नी है जो पिता या भाई के द्वारा उपहार स्वरूप दी जाती है। इसीलिए नई-नवेली दुल्हन जब बड़ी-बूढ़ी औरतों के पाँ-लागन करती हैं तो वे आशीर्वाद इन्हीं शब्दों में देती हैं कि-

"थाँको सवाग चूड़ा, चूनड़ी अमर रैवो।"

इस प्रसंग में 'चूड़ा' पहनाने संबन्धी एक गीत यहां प्रस्तुत है-

उदियापुर में एक अनोखी रीत
दाँती का चुड़ला बापर्या जी म्हांका राज।
जड़ाऊ चूड़ा बापर्या जी म्हांका राज।।
चुड़ला पैरे रामचन्दरजी सा री नार
चुड़ला पर सूरज ऊगियो जी म्हांका राज।
बदजो रे खैरादी थारी बेल
जड़ाऊ चूड़ा थैं जड़्या जी म्हांका राज।।

पुनः नारी के श्रृंगार-प्रसाधन की उपयोगी 'पीठी' लगाने तथा केश-वेणी की साज-संवार से संबन्धित दो गीतांश भी यहां आवश्यक प्रतीत होते हैं, पहले 'पीठी' का गीत-

आई बणजारा री बाळद
उतरी बड़ तळे।
म्हारी हळदी रो रंग सुरंग
निपजै माळवै।
मुलावे लाडल रा दादासा
माता के मन रूळे॥
वाँ री माता चतर सुजाण
हळदी केवळे।

इसके साथ ही, इसी गीत में केश-प्रसाधन की यह हार्दिक छवि भी देखें-

बाटकड़ा में तैल-फुलेल
मरवारी कांगसी।
म्हारी लाड़ली रा गज-गज केस
कुण सुळझावसी॥
वाँरी काक्यां ओ चतर सुजाण
वे सुळझावसी।
वाँरी माम्याँ चतर सुजाण
वे सुळझावसी।
वाँकी भुवा चतर सुजाण
वे सुळझावसी॥

इसी सौन्दर्य-प्रसाधन के क्रम में अब माँ भगवती देवी के सौन्दर्य का वर्णन भी तुलनात्मक रूप से ध्यान देने लायक है-

माता सीस बाजणियो नारेळ
हो जी आँटी जी बासों बस रही
हो माता ललवट ऊभो सूरज
हो जी मींडयाँ जी चांद पवासी
माता आँख आम्बा की ज्यूं फाँक
हो जी भँवरा जी भँवरा जी छारिया॥
माता नाक सुवा की जी चांच
होजी होठ पनवाड़्यां रचरिया।
माता दाँत दाड़म का जी बीज

हो जी जीभ कँवल की जी पांखड़ी॥
हो माता हाथ चंपा की जी डाळ
हो जी मूंगफली जसी आंगळी।
माता दून्द कंकू की जी लोथ
हो जी बहियां जी नागर बेलड़ी॥
हो जी माता जांघ देवळ को जी थंभ
हो जी पींड्यां जी बेलण पड़ रिया।
माता फाबो तो साठवां जी सूंठ
हो जी एडी जी थांकी ऊजळी॥
माताजी के थाँने घडूया जी सुन्दार
हो जी के थाँने सांचे ढाळिया।
हो बायां रूप दियो करतार
हो जी जनम दियो म्हांकी मायड़ी॥

जहाँ, इससे पूर्व के पीठी और केश गूंथने के गीत में बनड़ी के शृंगार का वर्णन था कि गाँव में बणजारे (पुराने घूमन्तू व्यापारी) की बाळद (बैलों का झुण्ड) बड़ के पेड़ तले आकर ठहरी है। वहां लाडली के पिता जाकर हळदी का मोल-भाव कर रहे हैं और हळदी घर में आ गई तो बनी की माँ पीठी बनाने में होशियार है जो उसे उबटन में घोळ रही है। पीठी के बाद, स्नान करके केश सुलझाए जा रहे हैं। कटोरे में सुगन्धित तेल भरा है, मरवे की सुरभित कांगसी है। लाडली के गज-गज भर लंबे बालों को कौन सुलझाएगी। इसी में जवाब है कि उसकी काकियां, मामियां और भुवा चतुर-सुजान यानी दक्ष हैं, वे बालों को सुलझाकर गूंथेंगी।

यहां शृंगार के साथ-साथ जो काकी, मामी, भुवा आदि का प्रसंग है, वह परिवार की ममता, स्नेह और एकत्व के आत्मीय रस से सराबोर है।

बाद वाला, देवी के सौन्दर्य-वर्णन का गीत तो इससे भी कहीं बढ़कर मनोरम चित्र खींचने वाला है। यह लोक-रचना का प्राचीन 'नख-शिख' वर्णन है। सिर से लेकर एड़ी तक का देवी का सौन्दर्य देखिए-

हे माता! आपका मस्तक मानो श्रीफल के समान है और आपकी चोटी तीव्र खुशबू से सनी हुई है। आपका ललाट मानो उगता हुआ सूरज है और बालों की गूंथन पर चन्द्रमा की चमक है। आपकी आँखें आम की फाँक जैसी और उस पर भँवरों का समूह मंडरा रहा है। आपकी नाक तोते की नाक जैसी सुन्दर और होठों पर पान चबाने की लाली विद्यमान है। आपके दाँत दाड़िम के बीजों की तरह, जीभ तो मानो कमल की

पंखुरी है। चम्पा की टहनी जैसे आपके हाथ और अंगुलियां मूंगफली के समान पतली हैं। आपका उदर कंकू की लोथ की तरह, और बाँहें नागरपान की बेल के समान हैं। आपकी जंघाएं देवालय के चिकने स्तंभ की तरह हैं और पिण्डलियों पर मांसल वलियां पड़ी हुई हैं। सूंठ जैसे फाबे और एड़ियां उजले वर्ण की हैं।

हे माता! या तो किसी कुशल सुनार ने आपका रूप घड़ा है अथवा आपको साँचे में ढाल कर बनाया गया है। इस पर माँ का अपेक्षित उत्तर यह है कि "अरी बाईयों! हमें यह रूप तो उस परमेश्वर ने दिया है और जन्म हमारी माता ने दिया है।"

ठीक, ऐसा ही वर्णन आदि शंकराचार्य- रचित 'आनन्दलहरी' नामक स्तोत्र में हमें मिलता है। आचार्य शंकर जगन्माता पार्वती के रूप-सौन्दर्य का वर्णन करते हुए एक छन्द में कहते हैं-

मुखे ते तांबूलं नयनयुगले कज्जल कला।
ललाटे काश्मीरं विलसति गले मौक्तिक लता।।
स्फुरत् कांची शाटी पृथुकटितटे हाटकमयी
भजामि त्वां गौरीं नगपति किशोरीमविरतम्।।

अर्थात्, हे माता! आपके मुख में तांबूल की लालिमा, दोनों नयनों में काजल की रेखा, भाल पर केसर का तिलक और कंठ में मोतियों की माला सुशोभित है। आपके स्थूल कटि प्रदेश पर कांची की बनी हुई सुनहरी साड़ी शोभित है। ऐसी आप पर्वत पुत्री गौरी की मैं वन्दना करता हूँ।

नारी-सौन्दर्य के प्रधान-पक्ष 'शृंगार' और साथ ही दांपत्य के 'शृंगाररस' का समवेत विवरण राजस्थान के लोकगीतों में बारंबार देखने को मिलता है। स्त्री में गहनों-आभूषणों की हार्दिक कामना हमेशा बनी रहती है। गीत में वे कहती हैं-

म्हारे माथा ने मैमंद ल्याव
आलीजा म्हारे माथा ने मैमंद ल्याव।
हो जी म्हारी रखड़ी रतन जड़ाय
भँवर म्हांने खेलण द्यो गिणगौर।।
मुखड़ा ने बेसर ल्याव
भँवर म्हारे मुखड़ा ने बेसर ल्याव
हो जी म्हारी चूंपा रतन जड़ाव
भँवर म्हांने खेलण द्यो गिणगौर।।

हिवड़ा ने हारज ल्याव
आलीजा म्हारे हिवड़ा ने हारज ल्याव,
हो जी म्हारी हँसली उजळ कराय
भँवर म्हाने खेलण द्यो गिणगौर।।
बहियां ने चुड़लो ल्याव
भँवर म्हारी बहियां ने चुड़लो ल्याव,
हो जी म्हाने गजरा सूं मुजरो कराय
भँवर म्हारे पगल्यां ने पायळ ल्याव।
हो जी म्हारा बिछिया रतन जड़ाय
भँवर म्हाने खेलण द्यो गिणगौर।।

इसका सारांश यह है कि हे प्रियतम! मेरे शीश की श्रृंगार सामग्री के साथ रखड़ी को रत्नों से जड़वा दो। मेरे मुँह की नथ के लिए बेसर का मोती लाकर दो, साथ ही चूड़ियों में रतन जड़वा दो। मेरे गले का हार लाओ, हँसली (गले का गहना) को उजली करवा दो। मेरी बाँहों में पहनने का चूड़ा लाइए और कलाइयों में गजरा पहनाकर मुजरा करवाइए। मेरे पाँवों के लिए पायल लाओ, साथ ही बिछिया को भी रत्नजड़ित करवा दो। हे स्वामी! इन सबके बाद, हमें गणगौर पर खेलने-नाच करने दो।

शृंगार रस के बीच, ननंद-भाभी की हँसी-मजाक भी लोकगीतों में अलग स्थान रखती है। चांदणी रात में पनघट पर पानी लाने नणंद-भौजाई दोनों गई हैं जहाँ मोर नाच रहा है। उसे देखकर भौजाई मुग्ध हो जाती है-

चंदा बाई सा चानणी सी रात जी कोई
चंदा बाई सा चानणी सी रात जी कोई
नणंद भोजायां जी पाणी नीसरी।।
घुड़लो मेल्यो जळ जमना की तीर
ईडूणी मेली जी चपला डाळ पै
दांतण तोड्यो जी जाँची जाळ को
देखो बाई सा मोरिया रो रूप
थांका जी बीरा साऊँ दो तल आगरो
चली जावो ये भावज मोरिया की लार
म्हांका बीरा ने और परणावस्यां
म्हांका बीरा ने और परणावस्या।।

पनघट पर नाचते मोर को देखकर भाभी नणंद से कहती है कि बाईसा, देखो तो सही यह तो आपके भाई से भी ज्यादा सुन्दर लग रहा है। इस पर नणंद का यह उत्तर है कि अगर तुम्हें यह मोर इतना ही प्यारा लग रहा है तो इसके साथ ही चली जा। मेरे भाई का दूसरा विवाह करा देंगे।

वैसे तो राजस्थान में दांपत्य की मर्यादा का कठोर पालन होता रहा है। यहां व्यभिचार या जार-उपपति को कोई स्थान नहीं दिया गया। पत्नियां एक से अधिक रही होंगी, किन्तु पति हमेशा एक ही रहा है। तथापि यहां कल्पना और फैन्टेसी के रूप में ही सही, परकीया-प्रेम का अल्पांश में विवरण मिलता है। जैसे, ये गीत-

छैल म्हारा बागां में आइजो जी
भँवर म्हारा बागां आइजो जी,
ओसा मैं तो बागां में फिरूं अकेली
पपहियो बोल्यो जी।।
भायली म्हारी किणबिध आवां ए
म्हारी परणी करै लड़ाई
पपहियो बोल्यो जी।।
भँवर थाँकी परणी मरज्यो जी
म्हांकी लगी प्रीत ने तोड़ी
पपहियो बोल्यो जी।।
भायली म्हारी थूंई मर जाजै ये
म्हारीं परणी बंस बधावै
पपहियो बोल्यो जी।।
छैल म्हारा परंघट आइजो जी
छैल म्हारा चौवट आइजो जी
चौवट पर फिरूं अकेली
पपहियो बोल्यो जी।।

इसका मर्म यह है कि प्रेमिका अपने प्रेमी को जो विवाहित है- बाग में, पनघट पर चौराहे पर विहार हेतु बुला रही है पर प्रेमी का कहना है कि उससे मिलने पर उसकी घरवाली लड़ती है, अत: वह नहीं आ सकता। इस पर प्रेमिका कहती है कि काश तुम्हारी पत्नी मर जाए, तो मिलन हो। यह बात प्रेमी को अच्छी नहीं लगती और वह यह कहता है कि वह मेरा वंश-परिवार बढ़ाने वाली गृहिणी है, उसे कैसे छोड़ सकता हूँ। तुम्हीं मर जाओ भले ही, पर मैं उसी के साथ रहूंगा। यहां "पपहियो बोल्यो जी"- आपसी रोमांस का प्रतीक है। पपहिये की आवाज़ प्रेमवर्धक मानी गई है।

यहां ध्यान देने की खास बात यह है कि यहां परकीया प्रेम के अनौचित्य को भी परिणीता के प्रेम में औचित्य बना कर ढाल दिया गया है और इस तरह प्रेम की दांपत्य-मर्यादा को अक्षुण्ण बनाए रखा है, जो राजस्थान के लोक-जीवन की खास विशेषता है।

श्रृंगार-रस के दो विभाग हैं- संयोग और वियोग। दोनों ही पक्ष बड़ी खूबी के साथ लोकगीतों में मिलते हैं। वियोग में विरह गीतों की तो भरमार है- "कुरजां ए म्हारो भँवर मिला दीजे ये"- ऐसे अनेक गीत हैं।

इसी क्रम में 'चौमासो' शीर्षक कई लोकगीत हैं जिनमें विरह की घनी टीस है-

चार चार महीना लाग्यो जी चौमासो
चार चार महीना लाग्यो जी चौमासो
याही रतजी सांवरा झरोखां पोढ़ण की।।
झरोखां पोढ़ण की नै बादळी देखण की
कैसे लिखूं ये गोप्यां पतियां मोहन की।
पतियां लिखूं तो मेरी छतियां फटत हैं
आंसूड़ा आया ये गोप्यां नदियां सावण की।।

X X X

मत बाजै रे बायरा दुनिया दुख पावै
बरसे सवायो मेहड़ो दुनिया सुख पावै।
बरसां ने म्हारी गोरड़ी
लाग्यो चतर चौमासो।
आप चाल्या राजन चाकरी
कूंकर काटूँली रा तो,
सासू बवां दोई सुई रीजो
करजो मनड़ा री बात।
सासूजी मेलै मण को पीसणो
कूंकर काटूँली रा तो
दौर जठ्याण्यां दोई सुई रीजो
करजो मनड़ां की बात।।

तात्पर्य यह है कि वर्षा ऋतु लग गई है और प्रियतम परदेस में हैं। चार-चार मास की लंबी वर्षा ऋतु। पति पास होते तो झरोखे में सेज बिछाई जाती, बादलों की शोभा

देखी जाती। उन्हें पत्र भी लिखूं तो मेरी छाती फटती है यानी भावोद्वेग से नहीं लिख पाती। आँसू ऐसे बह रहे हैं जैसे, सावन की नदियाँ उफान पर हों। दूसरे गीतांश में विरहिणी वर्षा की फुहार को उपालंभ दे रही है और पति से भी शिकायत कि आप तो चाकरी करने परदेस चले, मैं रात कैसे बिताऊंगी? पति का यह सुझाव है कि दोनों सास-बहू या दौराणी जिठानी, या नणंद भोजाई साथ में सो जाना और मन खोलकर बातें करना।

इस पर बहू कहती है कि सास के साथ सोना तो दूर वह मन भर अनाज पीसने को रख देती है, मैं कैसे रात बिताउंगी भला?

यहां लोकगीतों में विरहिणी को प्रियतम के दर्शन और मिलन के सपने भी आते हैं। एक गीत 'सुपनो' नामक शीर्षक से है-

सूती जी सुख भर नींद में जी
दुपटा री खूंटी जो ताण,
केसरियाजी को सपनो भी आयो जी

X X X

हाथां में छड़ी ये गुलाब की जी
मुखड़े दादरियो तमोळ
सासूजी म्हैं तो सनमुख देख्या जी॥

अर्थ है कि अपने दुपट्टे की खूंटी तानकर सोई थी कि केसरिया बालम को सपने में प्रत्यक्ष देखा। हाथ में गुलाब की टहनी थी और मुँह में पान चबा रहे थे। सासूजी, सच कहती हूँ उन्हें अपने सामने देखा था।

एक और अंतिम उदाहरण यह है कि विरहिणी का पति परदेस गए बिना मानता नहीं और गौरी से यह वियोग सहा नहीं जाता। उनके प्रवास से वह हमेशा दुखी और चिंतित बनी रहती है। गीत के कुछ अंश 'नींद' (ख्याल) शीर्षक से है-

तारां छायी जी पिया रात
अंबर छायी बादळी सा
गौरी पे छायो पिया रूप
दखण जाबो छोड़ दो सा॥
दखण देस परदेस
पिया ने पाणी लागणो सा।

और धान सब जीम
चावळ मत जीमजो सा।
चावळ सूं दूखे राज रो पेट
गौरी रो जीव दुख पावै सा।।
दूध पियो जी म्हारा स्याम
भांग'ज पीबो छोड़ दो सा।
भांग सूं राता राज का नैण
गौरी को पीतो आकरो सा।।
सैलाणी तो सैलां करबा जाये
मेहलां में डरपूं एकली सा।।

प्राचीनकाल से, राजस्थान के गृहस्थ पुरुष दक्षिण दिशा- विशेषकर मालवे और खानदेश में कमाने जाते रहे हैं। यह उनकी अनिवार्य विवशता है। इधर, उनकी पत्नियां विरह-कातर होकर गीतों में ऐसे भाव व्यक्त करती हैं कि देखिए तारों से छायी हुई ये रात है, आकाश बादलों से भरा है, इधर आपकी गौरी पर रूप-यौवन चढ़ा हुआ है- ऐसे में परदेस (दखण अर्थात् दक्षिण दिशा) जाना क्या उचित है? वहाँ का पानी अनुकूल नहीं रहता। आप सभी अन्न खाना, पर चावल मत खाना। चावल से (दक्षिण भारत में चावल प्रधान भोजन है) आपका पेट दर्द करता है। आपका पेट दुखता है तो इस गौरी का जी दुखता है। आप तो दूध पिया करो और ये भांग पीना छोड़ दो। भांग पीने से आपकी आँखें लाल हुई रहती हैं और मुझसे यह सहन नहीं होता क्यूंकि मेरा भी स्वभाव ज़रा तेज है।

आप तो सैर करने, घूमने के शौकीन हो, सो सैर करने चले जाते हो और मैं यहां अकेली महलों में पड़ी रहती हूँ।

करुण रस की भी साहित्य में कम महत्ता नहीं है। संस्कृत के महाकवि भवभूति, जिन्होंने 'उत्तर रामचरितम्' नाटक लिखा, करुण रस को ही नौ रसों में प्रधान मानते थे, शृंगार रस को नहीं। कहा भी गया है कि- "करुण एव रसो एकः निमित्त भेदात्।"

इस प्रसंग में, बेटी के ससुराल जाने पर, ससुराल वालों द्वारा उपेक्षा, ताने और प्रताड़ना देने पर तथा पति की मृत्यु के बाद विधवापन का कठोर जीवन अथवा सती हो जाने का मर्मान्तक प्रकरण क्या करुण रस का हिस्सा नहीं है? अवश्य है। इसी तरह, भाई द्वारा 'मायरा' लाने के समय भी बहन-भाई के स्नेह में आंसू की झड़ी लग जाती है।

विवाह के बाद कन्या की विदाई तो शायद यहां के लोक-जीवन का सबसे

करुण-प्रसंग है। कातर स्वर में बेटी, पिता को पुकारती है कि:

बाली सी उमर परणाई ओ दादासा,
कांई थारो कर्यो मैं कुसूर।।
दादासा मैं तो थांकी गाय की बछिया
बाँधे जठे बन्ध जाऊँ ओ
कांई थारो कर्यो मैं कसूर?

ओ पिता, ओ माता! मैंने ऐसा क्या अपराध किया जो आप मुझे इस छोटी-सी उमर में शादी करके पराया कर रहे हैं! मैं तो आपकी गाय की बछड़ी जैसी हूं, जहां भी खूंटे से बाँध दोगे, मुझे बंधना पड़ेगा।

इस करुण शब्दावली को सुनकर तो शायद पत्थर दिल भी रो पड़ेगा।

इसी तरह, सती-प्रथा जो राजस्थान का कलंक रहा है, वह भी करुण से बढ़कर दारुण दृश्य का आधार बनता है। स्वेच्छा से सती होने वाली कितनी ही स्त्रियां रही होंगी और जो स्वेच्छा से सती हो भी गई, तो इसलिए कि वैधव्य का अपमान और तिरस्कार भरा जीवन जीने से तो एक बार आग में जलकर मर जाना ज़्यादा ठीक है। सती-विषयक अनेक गीत हैं, जो रतजगा में खासतौर पर गाये जाते हैं। एक गीतांश का अवतरण इस प्रकार है-

किण बिध छोड्या मेड़ी ओवरा
माता कूंकर छोड्या मेड़ी ओवरा
माता कूंकर छोड़ी चत्तर साळ
ओ कँवर बाई जळते जोबण
माता सत कर्यो।।
माता कूंकर छोड्या चड़ी-चेलक्या
माता कूंकर छोड़ी सुगणी धीय
चढ़ते जोबण जरणी सत कर्यो।।
बायां हँस-हँस छोड्या मेड़ी ओवरा
बायां मुळकत छोडी चत्तर साळ।
म्हैं तो गुड़ दे बौळाया चड़ी-चेलक्या
बायां मस कर छोडी सुगणी धीय
ओ कँवर बाई चढ़ते जोबण माता
सत कर्यो।।

इसी तरह, करुणा का स्रोत बहन-भाई के मिलने में भी कम नहीं है। बहन, अपनी संतान के विवाह का निमंत्रण देने भाई-पिता के घर जाती है, उसे 'बत्तीसी' झिलाना कहते हैं। इस प्रसंग का एक गीतांश-

म्हारी छाब भरी जी छोकां नारेळा
म्हारी आयी री बत्तीसी म्हारा
दादासा रे घर दीजो।
म्हारी सैंया जामण को जायो ऊलट्यो।
म्हारा दादासा सूं मिलतां हिवड़ो ऊबक्यो
म्हारी माता सूं मिलतां म्हारा नैंण झळामळ लाग्या।
म्हारा बीरासा से मिलतां हिवड़ो ऊबक्यो
म्हारी भावज से मिलतां म्हारा नैंण
झळामळ लाग्या
म्हारी सैंया जामण को जायो ऊलट्यो॥

भावार्थ यह है कि बत्तीसी के रूप में चावल, नारियल से भरी यह छाबड़ी है जिसे मेरे पिता, काकासा और भाई के घर पहुँचाना है। मेरे माँ जाया भाई मेरे प्रति त्याग करने को उलट पड़े हैं। पिताजी से मिलते हुए, भाई से गले मिलते हुए मेरा हृदय उफन रहा है और माँ व भावज से गले मिलते हुए मेरी आँखों में आंसुओं की धार से जलन होने लगी है, क्यूंकि ऐसा मेरा बीरा मुझे बहुत-कुछ देने हेतु मानो उलट पड़ा है।

शृंगार रस और करुण रस के पश्चात् वीर रस का चित्रण साहित्य में विशेष महत्त्व रखता है। लोकगीतों में वीर रस प्रायः जुझार जी, तेजाजी, पाबूजी और भजनों में हनुमान जी के वीरतापूर्ण कार्यों के प्रसंग में मिलता है। वीरता वैसे भी मनुष्य जीवन का एक प्रशंसनीय और व्यावहारिक गुण है। अन्याय के प्रतिकार, शत्रु से अपनी रक्षा, युद्ध में प्राणोत्सर्ग के समय वीरता अनिवार्य है। जुझार जी का एक गीत देखिए-

पेंचा बांध जुझारजी चाल्या रण में
घुड़ला घूमरिया बागन में
मती लावो माता म्हारी उदासी
कँवर थांका रण में जासी॥
डोरा फेर जुझारजी चाल्या रण में
बागा फेर चाल्या जुझारजी रण में
मती लावो म्हारी बैण उदासी॥

हे माता! आप उदास न हो, जुझारजी (अर्थात् जूझने वाला योद्धा) पाग-पेंच सँवारकर युद्ध में प्रस्थान कर रहे हैं। डोरा-कंठी पहनकर वे युद्ध करने जा रहे हैं। बहन, तुम्हें उदास नहीं होना चाहिए।

एक और ऐसा ही जुझारजी का गीत है-

पाछा फरां तो म्हांको कुळ लाजै
लाजै म्हारी जरणी रो थाँन
सूरा वो रण में जूझिया।
सूरा व्हेसी ओ रण में जूझसी
कायर पाछा फर जाय।
सूरा ओ रण में जूझिया।।
कतरा मार्या जी कतरा घायला
कतरो को आयो सूरो काळ।
सूरा ओ रण में जूझिया।।
बारा मार्या जी तेरा घायला
सतरा को आयो सूरो काळ।
सूरा ओ रण में जूझिया।।

इसका भाव यह है कि युद्धरत जुझारजी का कहना है कि अगर हम लड़ने से मुँह मोड़कर आ जायें तो वंश को बट्टा लगेगा और माँ का दूध लज्जित हो जाएगा। जो शूरवीर होते हैं वे ही युद्ध में जूझते हैं, कायर तो पीछे मुड़कर भाग आते हैं। युद्ध में जुझारजी ने कितने मार डाले, कितने घायल किए हैं और कितनों को मौत आने वाली है? इसी में जवाब है कि बारह मार दिए और तेरह को घायल कर दिया तथा सत्रह का तो काल ही आ गया है। इस तरह, शूरवीर जुझार ने घनघोर युद्ध किया और खेत रहे।

हँसना तो आसान है किन्तु हास्य के प्रसंग उपजाकर, हास्य रस की व्यंजना करना मुश्किल काम है। शायद संसार भर के काव्य में हास्य रस की रचनाएं और सब रसों की अपेक्षा कम ही लिखी गई होंगी। तुलसीदास के 'रामचरितमानस' में मुश्किल से दो-तीन जगह हास्यरस की कविता मिलती है, परन्तु यहां राजस्थान के लोकगीतों में, साळा-साळी की मजाकें, जंवाई को पूछे जाने वाली ठेळियां, पारसी और पहेलियां तथा समधी-समधन को लक्ष्य कर गाई जाने वाली व्यंग्यात्मक गालियां हास्यरस से भरी पड़ी हैं। कुछ नमूने देखने योग्य हैं-

जीम्यां जाय जी जीम्यां जाय

पग में पातळ लियां जाय।
आगे रै जो आंगळियो
पाछे रै जो पांगळियो
अधाबिच रै जो पाणी भरै
ब्यायां को घर को बायदो करै॥
बायदो करै तो रोटी मिलै
आधी कुलड़ी छाछ मिलै॥

यह ब्याइजी के प्रति गाळ है जिसमें उनके पेटूपन का जिक्र है। वे खाते ही जा रहे हैं, पत्तल को पाँव तले दबा रखी है। जीमने में जो आगे है वह अगाड़ी होगा, जो पीछे रहेगा वह लंगड़ा होगा। और दोनों के बीच का जो जीमने वाला है उसे तो पानी भरना तथा समधी के घर पशुओं का चारा-गोबर उठाना पड़ेगा। क्यूंकि इसके बाद ही उसे रोटी और आधा कुल्हड़ छाछ मिल पाएगी।

इसी तरह, अब समधन जी को संबोधित यह गाळ भी देख लीजिए-

गळियारां में बुलाई ए नांचण खड़े बजारां आई ए।
माँग सजा'र बुलाई ए समधण खुल्या लटूर्यां आई ए॥

ओ नाचने वाली समधण जी आपको गलियों में बुलाया था, पर आप तो सरे बाज़ार होकर आ गई। आपको माँग-चोटी सजाकर बुलवाया था लेकिन आप तो अपने बाल-बिखेरकर चली आई हो!

इसी तरह, जँवाई जी के प्रति गाळ रूप में हँसी का एक नमूना-

जँवाई सा थैं तो म्हारे
बना ही बुलायां आया रा।
बाई ने नँह भेजूं सा घर जाय
म्हारी बेटी ने नंह भेजूं सा घर जाव॥

जंवाई जी, युवा तुलसीदास की तरह पत्नी-प्रेम से खिंचकर बिना ही बुलाए लेने आ गए तो सास उनका उपहास करती हुई कह रही है कि अभी कैसे बिना बुलाए चले आए हो! मैं अपनी बेटी को आपके साथ नहीं भेजूंगी। आप अपने घर जाइए।

जहाँ वात्सल्य रस का सवाल है, राजस्थानी लोकगीतों में यह प्रचुर मात्रा में उपलब्ध है। ममता परिवार की नींव है। देवी से इस गीत में एक बालक देने की प्रार्थना की जा रही है-

नीप्यों तो चूंप्यो ओ म्हारा माऊजी आंगणो
पगल्यां रा मांडणवाळा बगसो म्हारी आद भवानी
बगसो खेड़ा रखवाळी अमर बन्धादे ये जरणी पालणो।।

जबकि एक लोक कंठाश्रित भजन में कृष्ण का मुँह धोती यशोदा का वर्णन है–

नीरज सो मुख धोवत मैया ऊँचा बाल चढ़ावत है री मैया
ऊँचा बाल चढ़ावत है री मैया ऊँचा बाल चढ़ावत है।

X X X

पारबती गणेश को हँस हँस गोद खिलावत है
री मैया मुळकत गोद खिलावत है।।

'अद्‌भुत रस' की व्यंजना का भी एक विरल उदाहरण एक भजन में मिलता है–

मात जसोदा गोदी लेकर मुखड़ो देख्यो फाड़ जी।
तीन लोक का तारा देख्या तीन भुवन का नाथ जी।।

अन्त में शान्त रस का वीतरागी भजन जो निर्गुण प्रकृति का है, यहां देखना उचित होगा–

थारो हीरा सो जनम गँवायो रे भजन बिन बावळा।
यो संसार हाट बणिया की सब जग सोधे आयो
चतर माल चौगणो कीधो मूरख मूळ गँवायो रे
भजन बिन बावळा।।

यहां संसार में लिप्त प्रमादी मनुष्य की भर्त्सना है कि उसने हीरे-सा अनमोल जीवन बिना हरि स्मरण के गँवा दिया है। मानो बाज़ार में माल चौगुना करने की फिराक में आया था पर उसे अपनी मूल पूंजी ही गँवा कर लौट जाना पड़ा। इससे बढ़कर मूर्खता क्या हो सकती है?

ऐसे अनेक उदाहरण हैं, जहां पदे-पदे साहित्यिक सौन्दर्य, उपमा-प्रतीकों की सादगी भरी गरिमा और संवेदना के साथ विविध रसों का सृजन राजस्थान के लोकगीतों और भजनों में परिव्याप्त है।

❍

अध्यायः 3

राजस्थानी लोकगीतों में प्राकृतिक सौन्दर्य

प्रकृति-सौन्दर्य में बड़ी विविधता है। लोकगीतों में भी इस बहुरूप प्राकृतिक सुन्दरता का प्रचुर वर्णन है। प्रकृति की शोभा से मनुष्य भाव-विभोर हो जाता है। प्रश्न यह उठता है क्या प्रात:कालीन दृश्य, क्या वर्षाकालीन दृश्य और क्या नदियों, पहाड़ों, जलराशि आदि का एक से बढ़कर एक दृश्य, हमें भाव-विभोर कर देते हैं? वास्तव में, यह सभी दृश्य हमें भाव-विभोर कर देते हैं।

माला के मनकों की तरह ये दृश्य राजस्थानी लोकगीतों में बहुत ही सुन्दर तरीके से संजोए गए हैं। पहले, वर्षाकालीन एक गीत देखें। वर्षा राजस्थान में जीवन का पर्याय है और उसे सुकाल व अकाल की संज्ञा दी गई है। वर्षा होने पर सुकाल और न होने पर अकाल कहलाता है। वर्षा से ही किसान अनाज पैदा करता है। गीता में भी कहा गया है-

यज्ञात् भवति पर्जन्यः
पर्जन्याद् अन्न संभवः॥

अर्थात् यज्ञ से वर्षा होती है, वर्षा से अन्न पैदा होता है।

धरती की हरियाली जीवन का आवश्यक अंग है। मनुष्य क्या, प्राणिमात्र के जीवित रहने के लिए जल, हवा और भोजन आवश्यक आधार हैं। वर्षा होगी तो धरती पर जल होगा, जल से अन्न, पेड़-पौधे और हरियाली भी होगी। अत: वर्षा संबन्धी कुछ गीत-

ऊ तो ऊंडा ऊंडा भादूड़ा में गरजेलो।
ऊ तो कुणीं सारे महलां उपरे बरसेलो॥
ऊ तो रामचन्दरजीसारे मेहलां ऊपर बरसेलो।
म्हारा छोटा बीरा का पचरंग पेंचा भीजेला॥
म्हारी नानी भाभी की जाळी की चूनड़ भीजेली।

म्हारा छोटा भतीजा का झगल्या टोपी भीजेला।।

X X X

काळी काळी जी बादलिया री रेख
आज धराऊ महियो बरसियो।।
किसन चन्दरसारी राण्यां कागज मोकळ्या
घर आवो जी सुभद्रा बाई सा रा वीर।।

ऊपर वाले गीत में भादवे महीने में मेघों के घोर-गंभीर गर्जन के साथ गाने वाली कहती है कि ये मेघ किसके महलों पर बरसेंगे? उत्तर है कि ये तो रामचन्द्रजी के महलों पर बरसेंगे। गायिकाओं की, वर्षा में चिन्ता यह भी है कि मेरा छोटा भाई आता होगा तो उसकी पंचरंगी पाग भीजेगी और छोटी भौजाई की जाळवाली चूनड़ कहीं भीग न जाए और छोटे से भतीजे के पहने हुए झगल्या (कुर्ता) टोपी बारिश में कहीं भीग न जाये।

जबकि दूसरे गीत में काले बादलों की घनी कतार से भारी बरसात की आशा बताई जा रही है। कृष्णचन्द्रजी के देश में भी बारिश हो रही है, जिससे उनकी विरहिणी रानियों ने उन्हें बुलाने हेतु पाती भेजी है कि हे सुभद्राजी के भाई! आप शीघ्र हमारे पास पधारिए।

वर्षा-कालीन प्राकृतिक सौन्दर्य का लोकगीतों में जमकर वर्णन हुआ है और बार-बार हुआ है। कुछ उद्धरण और भी-

चार-चार महीना लाग्यो जी चौमासो,
याही रुत जी साँवरा झरोखा बैठण की।।
झरोखाँ बैठण की ने बादळी देखण की
कैसे लिखूं ये गोप्यां पतियां मोहन की।।

वर्षा-ऋतु में झरोखे में बैठकर दंपती द्वारा फुहार का आनन्द लेने की यह कामना अत्यंत मनोहर है।

वर्षा को लेकर एक कहावत भी यहां प्रचलित है-

तितरबरणी बादळी विधवा काजळ रेख।
वा बरसे वा घर करै, ईं में मीन न मेख।।

विश्वभर के सभी देशों में सूर्योदय और उषाकालीन क्षणों को सर्वश्रेष्ठ बताया

गया है। राजस्थान के लोकगीत इसे कैसे छोड़ देते? वैदिक साहित्य की तुलना वाला प्रथम अध्याय में दिया गया उद्धरण यहां दुहराना अनुचित न होगा, जिसमें दो पहाड़ों की सन्धि दरार में से सूर्य का स्वर्णिम उदय हो रहा है-

सूरज ऊग्यो जी डूंगरियां री खांम सूरज भल ऊगिया।
पोढ्या जागो जी सूर्य चन्द्रमा ओ आप
गजानन्द जी ओ आप
सदाशिवजी ओ आप
दियाड़ी माता ओ आप
सगळा देवता ओ आप
सूरज भल ऊगिया।।

सूर्योदय के साथ ही सभी देवताओं का भी आह्वान होता है कि देवता और सब परिवारजन जाग जाएं। सूर्यदेव जगत का भला करने को उदित हुए हैं।

इसके अलावा, नदी, तालाब, समुद्र, बावड़ी, कुँए आदि जलराशियों की सुन्दरता का वर्णन इन गीतों में गजब है। ऐसा लगता है मानो राजस्थान के लोकगीत, प्रकृति-सौन्दर्य को छुए बिना आगे बढ़ना ही नहीं चाहते। यहां जल और जीवन का सीधा और अटूट संबन्ध है। बच्चे के जन्म के बाद सूर्य पूजा कराते समय 'जळवा-पूजन' तालाब, कुँए या किसी बावड़ी पर जाकर किया जाता है। नव-निर्मित मकान के गृह-प्रवेश (नांगळ) के अवसर पर भी कुँए-बावड़ी को पूजकर कलश में जल भर कर लाते हैं। समुद्र, नदी और वर्षा का एक मिला-जुला स्वप्नावस्था का एक गीत इस प्रकार है-

सूती जी पिया सुखभर नीन्द सूती ने सुपनो आइयो जी।
जाणैजी राजा अन्दर धड़ूक्यो समन्दर भरियो ये सवावणो जी।।
अंदर तो जी गौरी बाप तुम्हारा समंदर तो थांका ससुरा जी।।

यहां, एक स्त्री अपने पति से कह रही है कि मुझे रात में ऐसा सपना आया कि इन्द्र देवता गरज रहे हैं और भरा हुआ समुद्र सुहावना लग रहा है। इस पर पति की प्रतिक्रिया कितनी मार्मिक और स्नेहभरी है कि ओ सजनी! इन्द्र तो तुम्हारे पिताजी और समुद्र ससुर जी हैं। यहां इन्द्र की पिता से उपमा का आशय वर्षा करके सब को सुखी करने वाले- धन दहेज देने वाले हैं, जबकि सहनशीलता-उदारता में ससुरजी को समुद्र के समान गंभीर स्वभाव का बताया गया है। इन प्रतीकों में भी लोक-हृदय के गहरे भाव हैं।

इसी तरह, नदियों से जुड़ी इसी गीत की कुछ पंक्तियाँ देखिए-

जाणैं जी पिया आंगणै गंगा बेवै।
सरसती भरी य सवावणी जी॥
गंगा तो जी गौरी मांय तुम्हारी।
सरसती तो थाँका सासूजी॥

मेरे प्रियतम, सपने में आए दृश्य से तो ऐसा लगता है जैसे आंगन में गंगा बह रही है और सरस्वती लबालब भरी है। पति ने कहा कि हे सजनी! गंगा तो तुम्हारी माँ है और सरस्वती तुम्हारी सासूजी हैं।

'बधावे' (बधाई के गीत) में भी वर्षा और मेह का तर्कसंगत जिक्र है। देखिए-

सुखी दुनिया में दोई भला
सुखी एक धरती ने दूजो मेंह।
म्हारी बहू ये बधावणो॥
सुखी ऊ बरसै ऊ नीपजै
सब दुनियाँ में हुयो छै सुकाळ
म्हारी बहु ये बधावणो॥

हे सखी, दुनिया में दो चीजें श्रेष्ठ हैं- एक तो धरती और दूसरी वर्षा। क्या कहने! बहू, तुम्हें बधाई हो। बादल तो वर्षा करते हैं और धरती से अन्न उपजता है जिससे संसार भर में अमन-चैन छा जाता है। हे बहू! तुम्हें बधाई हो।

इस प्रकार, वर्षा, नदी, समुद्र, धरती के प्रतीकों से लोकहृदय ने पारिवारिक स्नेह संबन्धों को बड़ी ऊँचाई और गरिमा प्रदान की है।

इन गीतों में विभिन्न जलाशयों- तालाब, नदी, कुँआ, बावड़ी, पनघट, झालरा (बड़ा कुँआ) आदि का सघन चित्रण अनेक बार आता है। जलाशय कुछ प्राकृतिक होते हैं और कुछ बनाए जाते हैं, जिन पर हमारा जीवन आधारित है। हवा और भोजन की तरह ही जीवित रहने के लिए जल परम आवश्यक है। संसार की सभी प्राचीन सभ्यताएं नदियों के किनारे बसी हुई मिलती हैं। यथा, मोहनजोदड़ो, हड़प्पा तो सिन्धु नदी के किनारे, मिस्र की सभ्यता नील नदी और दजला फरात के किनारे और भारत की सभ्यता गंगा, यमुना, सरस्वती, बनास, बेड़च, गंभीरी और दक्षिण भारत की नदियों के तट पर बसी हुई पायी जाती है। कहने का तात्पर्य यह है कि जल ही जीवन है। कविवर रहीम ने भी कहा है-

रहिमन पानी राखिये बिन पानी सब सून।
पानी गए न ऊबरे मोती मानुस चून॥

इस दोहे का अर्थ तो सभी भलीभाँति जानते हैं और यह काफी लोकप्रिय दोहा भी है।

जीवन और जल का इतना अटूट रिश्ता है कि हर गाँव-नगर-बस्ती आदि में जलाशय बनवाए जाते थे। तालाब, कुँए, बावड़ी, बांध आदि बनाकर वर्षा का जल एकत्र किया जाता था। उससे साल भर काम चल जाता था। प्रत्येक राजा या सेठ-साहूकार अपने क्षेत्र में ऐसे जलाशयों का निर्माण करवाते थे। यह बड़े पुण्य का काम माना जाता था। जैसे, केवल चित्तौड़ के दुर्ग पर ही छोटे-बड़े 80 जलाशय बने हुए हैं। समाज के प्रतिष्ठित और समर्थ व्यक्ति या समाज-जाति वाले भी अपने नाम से कुँए-बावड़ी खुदवाते थे।

राजस्थान कम वर्षा वाला प्रदेश होने से यहां इन जलाशयों का अत्यंत महत्त्व रहा है। यहां तक कि इनकी देवतुल्य पूजा की जाती रही है। कुँए-बावड़ी यहां की विशेषता है, जिसका निर्माण का तरीका भी अलग-अलग है। कुँआ चारों तरफ से बन्द, गोल या चतुर्भुज आकार का होता है, जिससे रस्सी के बिना जल नहीं निकाला जा सकता। बावड़ी तीन तरफ से बन्द, पक्के निर्माण वाली होती है जिसकी चौथी साइड में ऊपर से नीचे तक सीढ़ियां होती हैं, जिसमें कोई भी उतरकर पानी तक आराम से पहुँच सकता है।

कई बावड़ियां तो बहुत ही कलात्मक और पच्चीकारी से बनी होती हैं, जहाँ तिबारियाँ, झरोखे और गोखड़े तक पत्थर से बने होते हैं। राजस्थान में अनेक बावड़ियों की तरह बिनोता की बावड़ी प्रसिद्ध है, जिसका गीतों तक में जिक्र है।

कुँए-बावड़ी से भिन्न यहां जल-कुंड भी बहुत हैं, जो चारों ओर से सीढ़ीदार होते हैं। इनकी बनावट और सीढ़ियाँ ज्यामितीय आधार पर बहुत खूबसूरत होती हैं।

तालाब, जलसंग्रहण का बड़ा रूप है, जो गाँव, पहाड़ के ढलान पर पाळ बाँध कर वर्षा का पानी एकत्र करने हेतु बनाया जाता हैं ये तालाब सारे गाँव की सभी आवश्यकताओं को पूरा करते हैं। मसलन, नहाने, धोने, पशुओं को पिलाने, सिंचाई करने आदि कार्य जलाशय से पूरे होते हैं। अब, इन जलाशयों से संबद्ध कुछ गीतों के अंश यहां प्रस्तुत करना उचित रहेगा-

बाप खुदाया कुँवा बावड़ी
म्हारा सुसरा सा लगाई गज नीम, पूज सवागण झालरो॥
सूख गया सा कुँवा-बावड़ी म्हारा
सुसरा सा का भर्या ये तळाव, पूज सवागण झालरो॥

झालरो पूजो सवागण पीळो औढ़ो
थांका लाला ने लो थांकी गोद। पूज सवागण झालरो।।

प्रस्तुत गीत में भी कितना रहस्य और मर्म भरा हुआ है कि स्त्री के लिए पीहर से बढ़कर ससुराल महत्त्वपूर्ण है क्यूंकि उसे जीवनभर वहीं रहना है। गीत बताता है कि पिताजी के खुदाए हुए कुँए-बावड़ी तो गर्मी में सूख गए लेकिन हाथी जितनी गहरी नींव खुदवा कर ससुरजी द्वारा बनाया गया तालाब पानी से भरा हुआ है। वह नहीं सूखेगा। अतः हे सौभाग्यवती पीला औढ़ और बच्चे को गोद में लेकर इस जलाशय का पूजन कर।

इसी प्रकृति का एक दूसरा लोकगीत भी यहां द्रष्टव्य है-

सुखी दुनिया में दो ई भला,
सुखी एक सुसरासा दूजा बाप।
सुखी बाप खुदाया कुँवा बावड़ी
म्हारा सुसरा सा खुदाया होद-तळाई
म्हारी बहु ये बधावणो।।
सुखी सूख गया ए कुवा-बावड़ी
म्हारा सुसरासा का भरिया समन्द तालाब
म्हारी बहु ये बधावणो।।

यहां, इसका एक यह गूढ़ार्थ भी लगाया जा सकता है कि मेरे पीहर में पिता के बनवाए हुए कुंए-बावड़ी सूख गए, यानी मेरे पीहर को त्यागने से सूने हो गए और ससुराल में आते ही यहां के परिवार की सुख-समृद्धि जल से भरे तालाब की मानिन्द भरपूर हो गई है।

जलाशय-पूजन का एक अंतिम उदाहरण पुनः प्रस्तुत करने लायक है-

चलो म्हारी सैंया सरवर पूजबा प्रभुजी आमां तो सामां हरि का देवरा।
साँवरा जी सूरज सामीं या पोळ चालो म्हारी सैंया सरवर पूजबा।।

हे सहेली! हम सरोवर की पूजा करने चलें। जहां, आमने-सामने भगवान् के मंदिर भी हैं और पूर्व दिशा-उन्मुख पोळ भी दर्शनीय है।

जल और जलाशयों के गीतोक्त सुन्दर वर्णन के साथ-साथ इनमें पशु-पक्षियों के सौन्दर्य का वर्णन भी कम नहीं है। कुरजां, सारस, मोर, डेखड़, कबूतर, गाय, बैल, घोड़े, भैंस, बछड़े आदि का बारंबार सन्दर्भ आता है। पश्चिमी राजस्थान में तो 'रेगिस्तान

के जहाज' कहे जाने वाले पशु 'ऊंट' का तो बहुत ही आवृत्तिमूलक वर्णन गीतों और कहानियों में मिलता है। पशु हमेशा से यहां के ग्रामीणजनों के नित्य सहचर रहे हैं।

अरण्यवासी ऋषि-मुनियों के आश्रम और तपोवन से लेकर गृहस्थों के घर तक इन पशु-पक्षियों का सहज रूप से सह-अस्तित्व सदा से बना रहा है। इस मशीनी युग में पशु-पक्षी उपेक्षित हो गए हैं और केवल कुत्तों को पालने का शौक बढ़ रहा है।

पशु-पक्षी मानवीय स्नेह की भाषा को खूब समझते हैं। तभी, ऋषियों के तपोवन में शेर व गाय एक साथ विचरते थे। महाकवि कालिदास ने 'अभिज्ञान शाकुन्तलम्' नाटक में कण्व ऋषि आश्रम में हिरण के बच्चे के साथ शकुन्तला के स्नेह का बहुत सुन्दर वर्णन किया है। शकुन्तला ससुराल जाने लगी कि पीछे से किसी ने उसका पल्लू खींचा और मुड़कर देखा तो उसके आंचल को हिरण का वह छौना मुँह में पकड़कर उसे जाने से रोक रहा था। काश्यप, शकुन्तला से कहने लगे कि-

वत्से!
यस्यत्वया प्रणविशेषणमिंगुदीनां
तैलंन्यषिच्चत मुखे कुशसूचिविद्धे
श्यामाकमुष्टि परिवर्धितको जहाति
सोऽयं नः पुत्रकृतकः पदवीं मृगस्ते।।

हे पुत्री शकुन्तले! जिस मृग छौने के कुशों के नुकीले अंकुरों से घायल हुए मुँह में तुम घाव को भरने वाला इंगुदी का तेल लगाया करती थी, और मुट्ठी में भरकर तुम्हारे द्वारा साँवा के तृणों से पाला गया तुम्हारा गोद लिया गया बेटा यह छौना तुम्हारा मार्ग नहीं छोड़ रहा है।

कवयित्री महादेवी के अनेक संस्मरणों में भी विभिन्न पशु-पक्षियों का बहुत रोचक वर्णन मिलता है। क्या गोरा नामक गाय, राधा नामक मोरनी, नीलकंठ नामक मोर और क्या छोटी-सी गिलहरी गिल्लू सबका हार्दिक चित्रण है।

कहने का तात्पर्य यह है कि पशु-पक्षी भी हमारे परिवार के सदस्यों की भाँति अनादिकाल से साथ रहते चले आ रहे हैं। वैदिक साहित्य से लेकर आज तक के साहित्य में, जिसमें लोकसाहित्य भी शामिल है।

घोड़ा और घोड़ी दोनों राज्य और प्रजा-समाज के अभिन्न अंग रहे हैं। युद्ध, सवारी और शादी-ब्याह में ये सदा उपयोगी रहे हैं। महाराणा प्रताप का चेतक घोड़ा तो इतिहास-प्रसिद्ध रहा है। शादी में प्रायः घोड़ी की ही सवारी की जाती है और इस 'घोड़ी' शीर्षक से लोकगीत भी मिलते हैं-

थूं तो चाल म्हारी लीलड़ी दादासा री पोळ्यां चाल।
म्हूं तो कंई करूं महाराज म्हारो घरां घरां में लाग॥
घोड़ी चाबै चणां री दाळ राइबर जीमैं खांडर भात॥

X X X

राइबर उतर्या बाग में ए
माँ म्हारी कंई मस देखण जाऊँ ए
राजा राम की घोड़ी राजकुमार की घोड़ी॥
चौसर ले लूं हाथ में ए
माँ म्हारी मालीड़ा की बण जाऊं ए
राजाराम की घोड़ी राजकुमार की घोड़ी॥

पहले गीत में, वर की निकासी के समय गाया जाने वाला गीत है, जिसमें घोड़ी से वहाँ चलने की मनुहार की जा रही है और घोड़ी की मजबूरी है कि उसे अनेक शादियां होने से कई घरों में जाना है। घोड़ी को चणे की दाल खिलाई जा रही है। यहां तक कि उसकी चोटी-गूंथी जाती है, वस्त्र ओढ़ाया जाता है, तिलक-मेहंदी लगाकर उसकी पूजा की जाती है।

दूसरे गीत में वर घोड़ी पर बैठकर गाँव में बगीचे तक आ गया है। वधू की यह हार्दिक अभिलाषा है कि वह किसी बहाने से घोड़ी और उस पर आसीन अपने 'वर' को देखने जा सके। इसके लिए वह माळी की बेटी बनकर जाने को तैयार है ताकि किसी को पता भी न चले और दूल्हे को देख आए।

एक और गीत का अंश देखना चाहिए, जिसमें राइबर के सेहरा और उनके बजाजी (वस्त्र व्यवसायी) की दुकान पर जाने का हवाला है-

बना बाग मरोड़ घोड़ी चढ्या
वे तो गिया रा बजाजी री हाट
म्हारा कँवर राइबर को सेवरो॥

इसी तरह, ऊँट भी राजस्थान का एक विशेष उपयोगी पशु है जो रेतीले प्रदेश के अलावा भी सभी जगह चल-फिर सकता है। वह सेना और सवारी दोनों में ही काम आता है। ढोला-मारू राजस्थान के ऐतिहासिक प्रेमी-जोड़े का चित्र और वर्णन ऊँट की जोड़े सहित सवारी के बिना पूर्ण नहीं हो सकता। एक नमूना ऊँट का-

सांड्या रे भाई सांड पलाण।

संग आयो रे सामां चालस्यां।।

ऊँट के 60–70 पर्याय हैं, जिनमें सांड्या और सांडणी भी एक है।

हाथी का जिक्र तो जगह–जगह आता है। यह विशालकाय पशु राजा–महाराजाओं या अतिसंपन्न सेठों द्वारा पाला जाता था और अमीरी तथा शान का प्रतीक माना जाता था। 'हाथी दाँत' के चूड़ले का तो कहना ही क्या है? हाथी पर विवाह में बिन्दौरी निकालने और तोरण मारने का भी वर्णन है–

सुणो रा दादासा म्हारी बीनती सुणजो चित्त लगाय।
सांचां मोत्यां सूं मांडो छावजो तड़के आवेली बरात
हीरा पन्नां सूं मांडो छावजो तड़के आवेली बरात
जेठ घुड़ला ससुरा सा पालकी देवर पतंग उड़ाय
राईबर हस्त्यां बिराजिया ज्यां पर चँवर ढुळाय।।

अर्थात् विवाह योग्य बनी पिता से कह रही है कि मेरी बात ध्यान से सुनिए। कल बारात आने वाली है। अतः सच्चे हीरे–मोती–पन्नों से मंडप सजाना। मेरे होने वाले जेठजी घोड़े पर, ससुराजी पालकी में और मेरे राईबर हाथी पर बैठे हुए आएंगे, जिन्हें चँवर ढुलाया जाता होगा।

हाथी को लेकर दो और लोकगीत के कुछ अंश यहां प्रस्तुत हैं–

म्हारा दादासा रा नीचा दरवाजा
राईबर री हस्त्यां नीं मावे जी
दुलबर की हस्त्यां नी मावे जी
कहो तो सगाजी म्हांका टेसण पर डेरा
कहो तो पलट घर जावां जी।।
क्यूंर पलट घर जावो रा।
और चुणांदां सगाजी ऊँचा दरवाजा
हाथ्यां रे होदे तोरण बांधो रा
फेर चुणांदां समधी ऊँचा दरवाजा
घुड़ला रे घूमर तोरण बांधो जी।।

X X X

हाँ जी राईबर आजो म्हारे दादासा रे देस
घणी य छबी सूं आजो परणबा जी म्हांका राज।
हां ए बनड़ी कस्यो थारा दादासा रो देस?

कसी ए दिसा में आवां परणबा जी म्हांका राज॥
हां जी राइबर सूरज सामीं या पोळ
हाथी हीन्दे छै म्हां के बारणे जी म्हांका राज।
घुड़ला घूमे छे म्हां के बारणे जी म्हांका राज॥

पहले गीत से भावार्थ यह है कि मेरे पिता के घर के दरवाजे नीचे और छोटे हैं जिसमें राईबर के हाथी कैसे आएंगे? वर के पिता लौटकर चले जाने या कहीं स्टेशन पर पड़ाव डालने की कहते हैं तो कन्या के पिता का उत्तर है कि आप ऐसा क्यों कहते हो? हम आपको हाथी और घोड़ों के प्रवेश हेतु नये ऊँचे दरवाजे चुनवा देते हैं, जिन पर आपका पुत्र तोरण मार सकेगा।

दूसरे गीत में दुल्हन अपने पिता के घर अपने वर को आने का निमंत्रण दे रही है और सज-धजकर आने को कह रही है तो वर पूछता है कि तुम्हारे दादासा का कौन-सा देस है, किस दिशा में है?

बनी का उत्तर बड़ा रोचक है। वह पहचान बता रही है कि जिस द्वार के बाहर आपको हाथी झूमते हुए और घोड़े घूमते हुए मिलें, वही समझना कि मेरे पिताजी का ठिकाना है।

आज तक भी राजस्थान में रिवाज़ है कि जो हाथी-घोड़े वास्तविक नहीं रख पाते तो, चित्रकार को बुलाकर घर के बाहर दीवारों पर जरूर हाथी-घोड़ों के चित्र तो बनवा ही देते हैं। ताकि बारात को पता चल सके कि शादी वाला घर तो यही है।

हाथी-घोड़े विषयक अब आखिरी उदाहरण और-

घुड़लां री बाजी खुरताळ
हसत्यां रा बाजा सैंया म्हारी टोकर्या जी
आया कीजो दसरथ जी रा जोध
रामचंद्र जी सा पधार्या ए सैंया म्हारे देस में जी॥

यह गीत शादी के बाद बहू सहित घर लौटने पर गाया जाता है कि देखो-सुनो, घोड़ों की नाळ बज रही है, हाथियों की घण्टी-टोकरियां बज रही हैं। बेटा, बहू को घर लेकर आ रहा है मानो दसरथ पुत्र रामचन्द्र जी विवाह करके जनकपुर से लौट रहे हों।

हाथी, घोड़े, ऊँट की तरह ही हमारे जीवन में गाय-भैंस का भी बड़ा महत्त्व है। दूध, घी के बिना कोई पकवान-मिठाई नहीं बन सकते और बिना मिठाई के शादी-ब्याह कैसा? बेटी की विदाई के समय, समधी-जन को संबोधित यह गीत, जिसमें गाय-भैंस

के ताजा दूध का हवाला है-

बेगा बेगा आजो रा म्हारा समंदर ब्याई पावणा।
गाय दवाडूं ओ म्हारा समंदर ब्याई छालरी
दूध पकाडूली पाव। बेगा बेगा आजो रा म्हारा
समरथ ब्याई पावणां।
भैंस दवाडूं ओ समरथ ब्याई बाखड़ी
रांधूली सबरस खीर बेगा बेगा आजो वो म्हारा
समरथ ब्याई पावणां।।

ओ समधी जी! वापस जल्दी मेहमान बनकर आना। आपके लिए गाय-भैंस का ताजा दूध गरम करूंगी और खीर बनाकर परोसूंगी।

इसी तरह, एक 'बधावा' नामक गीत में गाय-घोड़े-बैल का समवेत महत्त्व देखिए-

सुखी दुनिया में दो ही भला सुखी एक घोड़ी ने दूजी गाय।
म्हारी बहु ए बधावणो।। सुखी गऊ का जाया हळ खड़ै
सुखी घोड़ी का जाया ढाबै राज म्हारी बहु ए बधावणो।।

हे सखी! दुनिया में दो ही पशु विशेष उपकारी हैं- एक तो घोड़ी और दूसरी गाय। गाय से उत्पन्न बैल तो खेती का हल चलाते हैं (जिससे अन्न पैदा होता है) और घोड़ी से उत्पन्न घोड़े राज्य को विस्तृत और मज़बूत करते हुए विजय दिलाते हैं। अतः हे बहू! तुम्हें खूब बधाई हो।

ये तो हुआ पशुओं का सांकेतिक चित्रण। अब जरा संक्षेप में पखेरुओं के सन्दर्भ में भी लोकगीतों में देखना चाहिए। पक्षियों का वर्णन काफी रोचक है। तोता-मैना और मोर-कबूतर देश-भर के साहित्य में वर्णन के खास महत्त्व के रहे हैं।

'पद्मावत' में तोते का वर्णन है। दमयन्ती हंस के कहे गए सन्देश पर नल राजा पर मुग्ध हो जाती है। राजस्थान में तो प्रियतम से मिलाने के लिए कुरजाँ पक्षी से विनती की जाती है। कबूतर और सारस पत्र या सन्देश पहुंचाने का काम करते थे। यही नहीं कोयल और पपीहे भी 'प्रेम की पीर' के वाहक हैं।

महान् पंडित मंडनमिस्र के घर पर तो उनकी अनुपस्थिति में शुक-सारिका ही बटुकों को पढ़ाने और उनकी वाचिक अशुद्धियां ठीक करने का काम करते थे। राजस्थान में, सारसी से पीहर जाकर समाचार लाने का वर्णन है-

उड़ उड़ ए सारसड़ी दादासा री पोळ्यां जाजे एं।
हँस-हँस ये मल-मल ये वांकी दाद्यां पूछै बातां ए।।
कह ने ए सारसड़ी म्हारी धीयड़ कंई जाया ए।।
हालरियो हुलरावणियो थांका धरम दोयता जाया जी।।

ऐ मेरी सहेली सारसी, मेरे पिता के घर जाकर हाल-चाल मालूम करना। वहां सारसी गई तो दादी माँ ने हंसकर, गले लगाकर यह पूछा कि कहो हमारी पोती और बेटी ने किसको जन्म दिया है? सारसी कहती है कि उसने आपके दोहिते को जनम दिया है।

यहां कन्या की 'कोयल' से भी तुलना की जाती है और कहीं कोयल को संबोधित कर प्रियतम को सन्देश भेजा जाता है। एक गीत में मोर और कोयल एक साथ बोल रहे हैं-

थां को राज अबछळ रीजो रामचन्दर सा
थां घर अमर बधावणो।
थां की नुंई हवेली पे मोर बोले
कोयल सबद सुणा रिया।।

X X X

कोयल आज ए म्हारा जलळ जामी आवसी।
ऐवा जस्यो ए आषाढ़ां रो मेंह
म्हारे सूखा सरवर वे भरै जी।।
कोयल आज ये म्हारी कूंखां जाई आवसी।
ऐवा जसी जी सालूड़ा री कोर
म्हारे लावण लागी वा फरै जी।।
कोयल आज ये म्हारो कूंख'ज जायो आवसी
ऐवा जस्यो म्हारा मोतीड़ां रो हार,
म्हारे हिवड़े लाग्यो ऊ फरै जी।।

X X X

मैं तो ये माँ थारी बागां री कोयल
रुत आयां उड़ जाऊँ ए
अम्मां म्हाने खेलण दो दिनचार।
मैं तो ये माँ थारी बन की चिड़कली

भौर हुयां उड़ जाऊँ ए।।

ये तीन गीत-अंश हैं। इनके क्रमशः संक्षिप्त भावार्थ इस तरह हैं-

हे रामचंद्रजी! आपको अमिट बधाई, आपका राज्य अटल रहे। आपकी नयी हवेली पर मोर और कोयल बोल रहे हैं।

हे कोयल, आज मेरे पिताजी आएंगे जो सूखे तालाब को जल से भरने वाले आषाढ़ के समान हैं, मेरी कूंख जायी बेटी आएगी जो मेरी ओढ़नी की किनार जैसी है और मेरा लहंगा पकड़े हुए घर में फिरेगी। आज मेरा कूंख जाया बेटा आएगा जो मोतियों के हार की तरह मेरे गले से लगा हुआ घूमेगा।

ओ माँ! मैं तो तुम्हारे बाग की कोयल हूं, ऋतु आते ही उड़ जाऊंगी। मैं आपके वन की चिड़िया हूं, सुबह होते ही उड़ जाऊंगी।

कोयल के विपरीत कर्कश-ध्वनि के कौवें को भी यहां उतना ही महत्त्व है। विरहिणी की ये गीत-पंक्तियां लोक प्रचलित हैं-

उड उड रे म्हारा काळा रे कागला
कद म्हारा पिऊजी घर आवै।
खांड-भात रो जीमण जिमाऊँ
सोना री चोंच मंडाऊं कागा।
जद म्हारा पिऊजी घर आवै।।

इसी तरह, 'मोर' का तो कहना ही क्या। वह प्रेमी का प्रतीक भी है और सौन्दर्य का भी।

अरे मोरिया, आछो बोल्यो रे
ढळती रात में मोरिया।

X X X

आबू रा प्हाड़ां में मलजी
मोर बोले रे।

तोते का उल्लेख बेटी के विदा हो जाने के बाद दूसरे दिन सूने विवाह-मंडप की ओर संकेत के रूप में आता है-

राजा जनक जी मांडेड़ो संभाळो

तो मांडे सुवा रम रिया जी॥
रमिया रमिया दसरथ जी का लाल
सतवन्ती सीतां ले चाल्या जी॥

कन्या को ले जाने वाले 'वर' को भी सुवा बताया गया है-

ऊ तो आयो संगां रो सूवटो
ऊ तो लेग्यो टोळी में सूं टाळ
कोयल बाई सिध चाल्या॥

अर्थात् समधी का बेटा सुवा बनकर आया और सहेलियों के झुंड से हमारी कोयल बाई को चुपचाप उड़ा ले गया।

प्राकृतिक सौन्दर्य के अंगीभूत वन, तड़ाग, बावड़ी, पेड़-पौधे, पशु-पक्षियों का यह केवल सांकेतिक और संक्षिप्त वर्णन है। इससे लोकगीतों में, लोकहृदय की भावनाओं के रूप में व्याप्त निसर्ग की सुन्दरता के ऐसे अद्‍भुत और अविस्मरणीय रमणीय चित्र, इसे शास्त्रीय महाकाव्यों के जनक के रूप में स्थापित करते प्रतीत होते हैं।

अध्याय: 4

राजस्थानी गीतों में वनस्पतियां और औषधियां

वैसे देखा जाए तो वनस्पतियां और औषधियां प्राकृतिक सुषमा का ही अंग हैं, लेकिन इन दोनों की मानव जाति के जीवन में विशेष उपयोगिता को ध्यान में रखते हुए, इन पर पृथक रूप से विचार करना उचित रहेगा। हाथी से लेकर कीड़े-मकोड़े तक सभी वनस्पतियों पर जीवित हैं। वनस्पति भी साधारण घास से प्रारंभ होकर बड़े-बड़े पेड़ों- बड़, पीपल, नीम, बबूल, केला, नारियल, ताड़, खजूर आदि तक विस्तृत है। कहने का तात्पर्य यह है कि वनस्पति और औषधियों का विस्तार अनन्त है, जिसका पार नहीं। शुद्ध प्राणवायु- ऑक्सीजन तो पेड़ों की अमूल्य देन है ही, परन्तु इससे बढ़कर प्रत्यक्ष या परोक्ष हमारा भोजन और हमारे वस्त्र भी इन्हीं से निर्मित होते हैं।

सबसे पहले नीम की चर्चा करें। नीम भी एक औषधीय पेड़ है। यह कीटाणु निरोधक वनस्पति है। इसकी पत्तियां, छाल, फल- सभी दवाईयों के रूप में काम आते हैं। इसकी छाया भी घनी और सुहावनी होती है। इस कारण मनुष्यों और पशु-पक्षियों को राहत मिलती है।

पेड़ सूख जाने के बाद भी इसकी लकड़ी का जलाने और इमारती निर्माण में बड़ा उपयोग है। लोकगीत में यह सन्दर्भ यहां देखने योग्य है-

म्हारे तो आंगण म्हारा माऊजी नीमड़ी।
छायां रा बैठण वाळा
बगसो म्हारी आद भवानी
बगसो खेड़ा रखवाळी
चढ़ती असवार्यां ऐ हेलो सामळो।।

नीमड़ी, देवी के मंदिर के पास खासतौर पर उगाई जाती है और यही पेड़ गायिका

के घर में है। अतः वह देवी से प्रार्थना करती है कि नीमड़ी तो हमारे आंगन में है जो आपकी प्रतीक है परन्तु हे माता, उसकी छाया में बैठने-खेलने वाला एक बालक भी हमें कृपया प्रदान कीजिए। आप सिंह की सवारी पर चढ़ती हुई हमारी यह पुकार सुन लीजिए।

दूसरे गीत में भी नीम को काटने का विरोध दिखाया गया है, क्यूंकि इसमें देवी का निवास माना जाता है-

नीमड़ली राणा रावजी रे देश ऊभी
हो जी फरी य कटावो सीसोद्या नीमड़ी
नीमड़ली राणी काट्यो न जाय
हो जी जणीं तळें बदनोरी बसे जी
री बदनोरी चावंड बारे आय
हो जी बारे ऊभा थांके जातरी।।

भाव यह है कि राणीजी कहती हैं, सीसोद वंश के पतिदेव रावळे में खड़ी इस नीमड़ी को कटवा दो। तो राणाजी का उत्तर है कि इसे नहीं काट सकते क्यूंकि इसके नीचे माता बदनोरी (बदनोर राजघराने की इष्ट देवी) बिराजती हैं। हे बदनोरी चावण्डा राणी! कृपया मंदिर से बाहर आकर देखो आपके यहां कितने दर्शनार्थी यात्री आए हुए खड़े हैं।

शायद राजस्थानी लोकगीतों में सर्वाधिक उल्लेख नीम के पेड़ का ही है। एक और नीमड़ी का सन्दर्भ-

दादासा रा ऊँचा-नीचा मेहल
मेहलां नीचे नीमड़ी जी।
काकासा रा ऊँचा नीचा मेहल
मेहलां नीचे नीमड़ी जी।।
नीमड़ी के नीचे भैरूं नाथ
छाया में बैठा जातरी जी
जातरयां ने देवो नीं आशीष
पाती तो कड़वा नीम की जी।।

अर्थात् हमारे दादासा और काकासा के ऊँचे-नीचे महलों के नीचे नीमड़ी लगी हुई है, जिसके समीप भैरों जी का मंदिर है। उस नीम की ठंडी छाया तले दर्शनार्थ आए हुए यात्री बैठे हुए हैं। हे देवता! इन यात्रियों को नीम के पत्तों के रूप में मनोकामना

पूरी होने वाली 'पाती' प्रदान कीजिए।

नीम के पश्चात् अब पीपल के पेड़ का विवरण देखें। भगवद्गीता में भी कृष्ण ने, स्वयं को सब वृक्षों में प्रधान अश्वत्थ (पीपल) बताया है-

अश्वत्थोऽस्मि वृक्षाणाम्॥

पीपल में परंपरा से भी विष्णु भगवान् का निवास माना जाता है। इसका धार्मिक और आध्यात्मिक महत्त्व इतना अधिक है कि उसे शब्दों में नहीं बांधा जा सकता। सब जानते हैं कि भगवान् बुद्ध को पीपल के वृक्ष तले ही ज्ञान प्राप्त हुआ था। अत: उसे 'बोधिवृक्ष' कहते हैं जिसका अवशेष आज भी बोधगया (बिहार) में विद्यमान है।

पीपल का वृक्ष सर्वाधिक मात्रा में ऑक्सीजन का उत्सर्जन करता है। उसके आसपास का वातावरण बहुत शुद्ध एवं सात्त्विक रहता है। इसलिए महिलाएं भी दशा माता और सोमवती अमावस्या के रोज पीपल का पूजन करती हैं, उस पर सूत लपेटती हैं, धूप-दीप जलाती हैं और हाथ जोड़कर उस की परिक्रमा करती हैं। लोकगीतों में कुछ इसके प्रमाणीभूत अंश-

बैसाखां बड़ पीपल सींच्या
जेठ अबाणा चाल्या सा।

X X X

आगे आगे बीरो चालै
पाछे पाछे बैण।
पीपळी के कोरे चालै
छुक-पुक रेल॥
म्हारा जामण जाया बीर
म्हारा आंखड़ल्यां रा नीर
म्हाने ओळ्यूं थारी आवे रे
घणीं तरसावै रे॥

भावार्थ- बैसाख की ऋतु में हमनें बड़ और पीपल को सींचा, तो जेठ में नंगे पैर चलकर तप किया।

आगे-आगे भाई, पीछे बहन जा रही है। उधर पीपळ के नजदीक रेलगाड़ी जा रही है। हे मेरे माँ जाये बीरा! मुझे तुम्हारी बहुत याद आती है। तुम मेरे आँखों के आंसू हो। तुम्हारी याद मुझे तरसाती है।

पीपल की तरह, बड़ के पेड़ का भी कम महत्त्व नहीं है। वटवृक्ष भगवान् शंकर का प्रतिरूप माना जाता है। उनके जैसा ही शान्त, शीतल, घना, छतनार और जटा-जूट धारी पेड़। राजस्थान व अन्य प्रान्तों की नारियां बड़ का पूजन करती हैं। बैसाख में उसे जल से सींचती हैं। गर्मी में इसकी छाया सबसे शीतल मानी जाती है।

राजस्थानी लोकगीतों में शृंगारिक या रोमांटिक माने जाने वाले एक गीत में 'बड़' का गहरा जिक्र आता है। इस गीत को 'ख्याल' यानी क्रीड़ा या तमाशा दंपति के मनोविनोद का साधन माना जाता है-

यो बड़ घेर घुमेर पना मारूसा
बारा कोसां पर छाई डाळियां जी
म्हां का राज।
यो कुण तोड्यो बड़ को पान
सुगणा मारू सा,
या कुण तोड़ी बड़ की सांटकी जी
म्हांका राज।।

पत्नी पति से कहती है कि हे स्वामी, देखो तो ये बड़ का पेड़ कितना घेर-घुमेर वाला विशाल है, जिसकी शाखाएं बारह कोस तक पसरी हुई हैं। फिर पूछती है कि ऐसे हरे-भरे बड़ के पत्ते किसने तोड़ डाले और किसने इसकी हरी टहनी तोड़ी है? आगे जाकर इसी गीत को परिवार के ताने-बाने में परिणत कर दिया गया है। यहां प्रेम और पर्यावरण की रक्षा का भाव एक साथ है।

इस तरह नीम, पीपल, बड़ के साथ नारियल, दाख, लौंग, इलायची, नारंगी आदि अनेक पेड़-पौधों का उल्लेख गीतों में सहज उपलब्ध है। सबूत के तौर पर यह लोकगीत मुलायज़ा करें-

गुण सागर राजा हालो रंगीली रा बाग में।
जोड़ी रा कँवरां हालो रंगीली रा बाग में।।
रंगीली का बाग में नारेळां को रूंख सा।
रसीली का बाग में दाखां को रूंख सा।।
रंगीली का बाग में लूंगां को रूंख सा।
रंगीली का बाग में इलायची को रूंख सा।।

हालांकि इस गीत में गिनाए गए पेड़ों में से एक भी पेड़ राजस्थान की धरती और जलवायु में नहीं पनप सकता। लेकिन साहित्य में कल्पना को कौन रोक सकता है!

यहां भी इन पेड़ों की कल्पना की गई है- निरंकुशाः कवयः।

इस गीत में नारियल, दाख, लौंग और इलायची को अमूल्य ओर दुर्लभ मानते हुए- इनके लकदक बागों में चलने की मनुहार की गई है और ये बाग भी रंगीली-रसीली जोड़ायत या प्रेमिका के बताए गए हैं- यहां वनस्पति और रोमांस का मेल-जोल स्पष्ट है।

इसी तरह, अगले लोकगीत में गर्भवती पत्नी अपनी दोहद-कामनाएं व्यक्त करती हुई, इन चीजों की खाने की लालसा प्रकट करती है-

नींबूड़ाँ मन जावै, नींबूड़ा मन जावै
भँवर म्हारा।
नारंग्यां मन जावै भँवर म्हारा,
खोपरड़ाँ मन जावै रा भँवर म्हारा॥

यानी, हे भँवरजी (पतिदेव)! मेरा मन नीम्बू, नारंगी और नारियल खाने का हो रहा है, लेकर आइए।

जैसलमेर के मांगणियार-बन्धुओं का लोकप्रिय गीत- "काचा काचा, छोटा छोटा निम्बूड़ा" तो दुनियाभर में और किसी एक फिल्म तक में भी 'हिट' रहा है।

पेड़ बड़े होते हैं, पौधे छोटे। पेड़ों के वर्णन के बाद कुछ पौधों का वर्णन सर्वथा समीचीन है। जैसे तुलसी, पुदीना, मरवा, गुलाब, गेन्दा, आक आदि। तुलसी का तो धर्म और आस्था से सीधा संबन्ध माना गया है। शास्त्र-वचन है कि जहां पर तुलसी उगी होती है वहां यमदूत प्रवेश नहीं करते।

तुलसीकाननं चैव गृहे यस्यावतिष्ठते।
तद्गृहं तीर्थभूतमाह नायान्ति यमकिंकराः॥

विज्ञान-सिद्ध तथ्य है कि तुलसी एण्टीबायोटिक वनस्पति है जो कृमि और विषकीटों को नष्ट करने के साथ-साथ वातावरण शुद्ध रखती है। प्रदूषण से निजात दिलाकर दीर्घायु प्रदान करती है। अतः मृत्यु-काल में भी यहां मुँह में तुलसी-गंगाजल डालने का रिवाज़ है।

राजस्थान में प्रायः सभी हिन्दू-घरों में तुलसी क्यारी देखी जा सकती है। भगवान् को प्रसाद भी तुलसीपत्र के बिना नहीं लगाया जाता। एक गीत देखिए-

कंद मूल फल मेवा मिठाई
भोग छप्पन ला धरे।

बिन तुलसी के श्याम सालिगराम
भोजन ना करे।।
तुलसीपत्र धरे तो श्याम भोजन करे।।

तुलसी में इतने अधिक औषधीय गुण भरे हैं कि चतुर शास्त्रकारों ने इसे पूजा धर्म से जोड़ दिया। ताकि, सभी इसका नित्य सेवन करते हुए अपनी रोग-प्रतिरोधक शक्ति बढ़ा सकें। एक और लोकगीत में तुलसी की तारीफ देखिए-

म्हूं थंने पूछूं सुण म्हारी तुलसी
कुण थारे मंदिरयों चुणायो
कुणीं ये थारा मंदरिया में
सांचा मोती पोया रे।
श्रीकृष्ण राधा रुकमण
वे ही म्हारो मंदरियो चुणायो रे
वेही म्हारा मंदरियां में
सांचा मोती पोया रे।।

हे तुलसी जी! आपका मंदिर किसने बनवाया? तुलसी का उत्तर है मेरे प्रियतम कृष्ण ने और रुक्मणी राधाजी ने बनवाया है, उन्होंने ही इसमें असली मोती भी जड़वाये हैं।

देवउठनी ग्यारस को तो कई समर्थ भक्त लोग तुलसी-विवाह का बाकायदा पूरा बड़ा आयोजन करते हैं। इससे जुड़ा हुआ यह गीत का अंश अच्छा है-

एक औसर माता तुलसी जी परण्या
तो सेवरियो झट बांध्यो ऐ,
म्हारी मांय जसोदा।
थारे थारे र लाला सोळा सौ राण्यां
तो तुलसी ने क्यूं र सताई ओ
म्हारा बाल गोविन्दा।
सोळा सौ राण्यां ने माता पीयर मेलूं
तो तुलसी ने राखूं पटराणी ए
म्हारी मांय जसोदा।।

ऐसे और भी अनेक गीत तुलसी और उसके विवाह से संबंधित हैं पर स्थान-सीमा से उनका अवतरण उचित नहीं होगा।

उपर्युक्त गीत में तुलसी-विवाह के प्रसंग में कृष्ण-यशोदा का प्रश्नोत्तर संवाद है कि

जब तुम्हारी पहले ही सौलह हज़ार रानियां हैं तो तुलसी से शादी क्यों की? कृष्ण का उत्तर है कि उन सबको मैं पीहर भेज दूंगा पर तुलसी को तो प्रधान पटराणी बनाकर सम्मान दूंगा। यह तुलसी के कृष्ण प्रेम का प्रतीकात्मक अनुराग गीत भर है।

अब जरा फूलों वाले सुरभित पौधों की यहां पर चर्चा ठीक रहेगी। मरवा, मोगरा, गुलाब, गुलदाऊदी, चंपा, चमेली जैसे पुष्पों का गीतों में अनेक जगह उल्लेख आया है।

एक शुरूआती उदाहरणस्वरूप गीत यहां प्रस्तुत है-

सेवरा में चार रंग भूलगी ए मालणी।
भूल गई मरवो मोगरा ए मालणी।।
भूलगी गुलदाऊदी को फूल गेंदा मालणी।
सेवरा में चार रंग भूलगी ए मालणी।
चम्पा चमेली मरवो मोगरो ए मालणी।।

शादी के समय मालिन से एक महिला कहती है कि तू सेहरा गूंथते समय चार प्रकार के रंगों वाले फूल भूल गई है- गुलदाऊदी, गेंदा, गुलाब, चम्पा, चमेली, मरवो और मोगरे के फूल। इसमें चार-चार फूल दो बार गिनाए गए हैं।

घोड़ी पर दूल्हा सेहरा बांधकर बैठता था। अतः तबसे घोड़ी-सेवरा के संयुक्त गीत गाए जाते रहे। मगर अब सेवरा जाति-विशेष में ही बांधते हैं। तथापि यह गीत सभी घरों में आज भी गाया जाता है। लड़की के विवाह में सुहाग-कामण गाने का रिवाज़ है। एक और सेवरे का गीत इस तरह है-

आज म्हारा काकासा री
पोळ्यां मालण उतरी राज।
कहने ये मालण की जायी
कंई कंई सौदा लाई राज।।
कळी केवड़ो मरवा मोगरा
सेवरे गूंथ लाई राज।
सेवरे सोना की डाण्डी
राईबर ने सोहवे राज।।

अर्थात् आज हमारे काकासा के द्वार पर मालण आई है। हे मालण! तुम क्या-क्या चीजें लाई हो? वह बोली, केवड़े, मरवे, मोगरे की कलियों का सेवरा गूंथकर लाई हूँ जो सोने की डंडी पर गूंथा हुआ है और राजकुमार को बहुत शोभा देगा।

फूलों के समान वानस्पतिक औषधियों का भी गीतों में प्रचुर वर्णन है- जीरा, पोदीना, अजवाइन, सौंठ, लौंग, पीपळी, जायफल, जावित्री, इलायची, हल्दी इत्यादि। हम एक बहुत लोकप्रिय सुन्दर नृत्य-गीत 'पोदीना' से चर्चा प्रारंभ करते हैं। पोदीना, पेटदर्द के लिए अमृत है। धनिये की तरह यह गर्मियों में ठंडा रहता है और राजस्थान में इसकी चटनी भी बनती है जो बड़ी स्वादिष्ट होती है-

लुळ जाई रे हरिया पोदीना।
झुकजाई रे हरिया पोदीना।।
थँने सिल पे बटाऊँ हरिया पोदीना।
क्यार्यां में बावूं केवड़ो।
खेतां में बावूं हरियो पोदीनो।।
झुक जाइ रे हरिया पोदीना
सासूजी ने भावे केवड़ो
सुसराजी ने भावे हरियो पोदीनो।
लुळ जाई रे हरिया पोदीना।।

केवल पोदीना को लेकर एक पूरा भावपूर्ण गीत बुना गया है। इसमें, पोदीना पर मुग्ध नायिका उसे ज़रा झुकने और नमने को कहती है। वह उसे सिल पर बाँटना चाहती है। क्यूंकि सासूजी भले ही केवड़ा पसन्द करती हों, मगर ससुराजी को तो हमेशा हरिया पोदीना (चटनी के रूप में) पसंद है। पोदीना का यह सारा महत्त्व उसके स्वाद और औषधीय गुणों के कारण है।

अब बात करें पीपळी की। इसकी श्रेष्ठ किस्म 'पारस पीपळी' होती है जो अनेक बीमारियों में काम आती है। एक त्रिकूटा बनता है जिसमें पीपळी, काळी मिर्च तथा सौंठ होती है। यह जुकाम मिटाने में हितकर है। पिपळी, अधिकतर बच्चे-बच्ची के जन्मोपरान्त प्रसूता को पिलाते हैं, जिससे बच्चे को प्रचुर मात्रा में माँ का दूध मिलता रहता है और सुपाच्य भी होता है। पिपळी का एक गीत देखें-

हथायां बैठन्ता सुसरासा थाँ की कुळ बहू जायो छै पूत।
पीपळड़ी नंह पीवां जी। रसोयां बैठन्ता सासूजी
थांकी कुळ बहू जायो छै पूत पीपळड़ी नंह पीवां जी।।
पीवो म्हारी कुळ बहू पीपळी हालरिया के आवे हळवो
दूध पीपळड़ी भल पीवो जी।।
पीपळ लागे चरपरी म्हारा होठ दाझे सा

म्हारी जीभ बळै पीपळड़ी नंह पीवांजी।।

इस प्रसूता से संबन्धित पारिवारिक आत्मीय माहौल के प्यारे और मधुर गीत में प्रसूता को पीपल का पानी पीने को कहा जा रहा है। मगर वह स्वाद में चरकी–चरपरी होने से प्रसूता आनाकानी कर रही है तो उसे यह प्रलोभन इस सच्चाई के साथ दिया जा रहा है कि यदि वह पीपळ पीयेगी तो उसके बच्चे को ज़्यादा और सुपाच्य दूध मिलता रहेगा।

दूसरी खास औषधि है– अजवाइन। जो नित्य भोजन में मसाले का भी अंग है। यह भी पेट के लिए लाभकारी है। पाचन शक्ति जीरे की तरह बढ़ाती है। इसे नमकीन चीज़ों में डालते हैं और वातरोग नाशक है। यह प्रसूता को खासतौर पर कुछ दिनों तक पिलाई जाती है। अजवाइन का भी एक गीत यह है–

ओ जी यांर गाँवां रे गोर में
ओ जी आई छै अजमा री गूंण।
हेलीये अजमो य लागे चरपरो।।
हो जी आण उतार्यो चांदण चौक में
हेली सौदागर फर फर जाय
हेली ये अजमो ये लागे चरपरो।।
हेली ए कुण अजमो य मोळवे
हेली ए कुण खरचेला दाम
हेली ए अजमो य लागे चरपरो।।
हेली सुसरासा अजमो मोलवे
हेली जेठसा खरचेला दाम
हेली ए अजमो य लागे चरपरो।।
हेली देवरसा ले घर आइया
वां की भावज रा जापाँ जोग
हेलीय अजमो ए लागे चरपरो।।
हेली दाई मांई अजमो य सोवसी
म्हारा दौराणी पीसण जोग
हेली अजमो ए लागे चरपरो।।
हेली सासूजी अजमो घी गुळ भेळसी
म्हारा भाभीसा सांनण जोग
हेली ए अजमो य लागे चरपरो।।

'अजमो' नामक इस गीत का उद्धरण यहां जरूर कुछ लंबा हो गया, किन्तु इसकी महत्ता भी उतनी ही बड़ी है। यह प्रसूता के लिए बहुत ही हितकारी-गुणकारी दवाई है, जिसे उसे पीना आवश्यक है, चाहे वह महंगा हो, चरका लगता हो।

इस गीत की शुरूआत में गाँव की सीमा पर बणजारे की अजमा की गूंण भर कर आई है। ख़बर होते ही उसे अपने घर के चांदणी चौक में बुलाकर बोझा उतारने को कहा गया है और भी खरीददार एकत्र हो गए हैं।

इधर, प्रश्न यह है कि कौन अजमे का मोलभाव करेगा, दाम कौन खर्च करेगा? इसका उत्तर यह है कि प्रसूता बहू के ससुरजी मोलभाव करेंगे, जेठजी कीमत चुकाएंगे और देवरजी उसे उठाकर घर के अन्दर ले आए हैं जो उनकी भौजाई के प्रसव हेतु उपयोगी है।

अब इस अजमा की साफ-सफाई दाई माँ करेगी, इसे प्रसूता की देवराणी पीसेगी, सासूजी इसमें घी और गुड़ को मिलाएंगी और जेठानी जी (भाभीसा) इसके लड्डू बांधेगी। ऐसा यह अजमा बड़ा चरपरा लगेगा, पर इसे खाना भी जरूरी है।

यहां अजमे के बहाने, देखिए संयुक्त परिवार की एकता, सहकारिता और प्रेमभाव, त्यागभाव कितना सुन्दर है।

यहां सारी औषधियों को छोड़कर केवल खास-खास का जिक्र ही किया जा रहा है। अब बारी है सोंठ की चर्चा की। गीले अदरक को सुखाकर सोंठ का रूप दिया जाता है। यह एक जमींकंद है, यानी जमीन के अन्दर मिट्टी में पैदा होता है। यह बहुत शक्तिवर्धक और उष्ण प्रकृति का पदार्थ है। सर्दियों में तो अदरक का प्रत्येक घर में चाय-दूध और सब्जी में नियमित प्रयोग किया जाता है। प्रसवकाल में, प्रसूता के वास्ते सोंठ के साथ अनेक द्रव्य मिलाकर लड्डू बनाए जाते हैं। इसलिए राजस्थान में तो इसे लेकर एक कहावत भी चल पड़ी है कि "तेरी माँ ने अगर सेर सूंठ खाई हो तो लड़ने के लिए आजा मैदान में!" यह चुनौती इस बात की प्रतीक है कि सौंठ के खाने से माँ का दूध बालक के लिए अत्यंत शक्तिवर्धक हो जाता है।

अब सोंठ-विषयक यह गीत भी पेश है-

एक मण सुंठ सवामण अजमो दोय जणा मिल कुंटारा भंवर म्हारा।
धमको जी कोई लोग सुणेला सासुजी तो सुणेला दौड्या आवेला।
नेग कठा सूं लाऊं रा भंवर म्हारा धमको जी कोई लोग सुणेला।।

इस गीत का भावार्थ यह है कि ये मन भर सोंठ और सवा मण अजमा है। इसे हम

दोनों पति-पत्नी कूट लें ताकि होने वाले बच्चो के समय मैं (प्रसूता) सेवन कर सकूँ। लेकिन डर यह है कि अजमा कूटने की आवाज़ (धमका) को लोग सुनेंगे तो क्या होगा?

इस धमके की आवाज़ सुनकर सासूजी दौड़कर आएगी और वह नेग (इनाम) माँगेगी तो मैं नेग की राशि कहां से लाऊंगी?

परिवार के आत्मीय माहौल का कैसा भावमय वर्णन है। सोंठ-अजमा के व्याज से हृदय स्नेहोदगार पर परिवार का अस्तित्व टिका होता है। इसलिए यह गीत अविस्मरणीय, स्मरणीय और अब तो रक्षणीय भी है।

सारांश- कथन यह हैं कि राजस्थान में वनराजी विविध प्रकार की है जिसमें से मनुष्योपयोगी वनस्पतियों का भंडार भी बेमिसाल है। न उनका पार है, न उनके गुणों का। पेड़-पौधे, फूल, वनस्पतियाँ, औषधियां- प्रकृति द्वारा मनुष्य को 'गारंटेड' संरक्षण प्राप्त है।

प्रकृति की इस महान् विरासत के बीच मानव-समाज कितना सुखी और दीर्घायु हो सकता है! वृक्षों के उपकारी स्वभाव को लेकर संस्कृत में कई सुभाषित हैं-

छायामन्यस्य कुर्वन्ति तिष्ठन्ति स्वयमातपे।
फलान्यपि परार्थाय वृक्षाः सत्पुरुषा इव॥
नमन्ति फलिनो वृक्षाः नमन्ति गुणिनो जनाः।
शुष्क वृक्षाश्च मूर्खाश्च न नमन्ति कदाचन॥

अर्थात्, स्वयं धूप सहकर दूसरों को छाया देते हैं- फल-फूल भी दूसरों के लिए। वृक्ष जैसे सज्जनों का अवतार हैं। फलदार वृक्ष और गुणवान् व्यक्ति झुकते हैं। सूखे पेड़ और मूर्ख कभी नहीं झुकते।

अतः हमें वृक्षों से विनम्रता और त्याग की शिक्षा लेनी चाहिए। वेदों में भी वृक्षों को 'वन-यम' (वनों का रक्षक) कहा गया है और इन्हें बेवजह काटना पापकर्म है। उपनिषद् में तो एक वृक्ष काटने पर दस वृक्ष लगाने का निर्देश है। मानव और वृक्षों के बीच इससे हमेशा मधुर संबन्ध बने रहने के साथ पर्यावरण शुद्ध और संरक्षित रहेगा।

अध्यायः 5

राजस्थानी गीतों में पारिवारिक मूल्य

मानव-जीवन में परिवार एक मौलिक और केन्द्रीय संस्था है, जिसमें बड़ी होकर सन्तानें गुण, संस्कार, सभ्यता और मानव मूल्य प्राप्त करती हैं। परिवार वह इकाई है, जिससे एक अच्छे समाज और अच्छे राष्ट्र का निर्माण होता है। अच्छे राष्ट्र का तात्पर्य आपसी भाईचारे के साथ स्नेह से मिल-जुलकर संगठित रहते हुए आनन्द करें। ये सभी बातें पारिवारिक मूल्यों के ज्ञान और विकास पर निर्भर हैं।

राजस्थानी लोकगीतों में ऐसे अनेक गीत हैं, जिनसे ज्ञात होता है कि परिवार क्या है और कैसा होना चाहिए। मैं यहां दो-तीन गीतों के माध्यम से बतलाना चाहूंगी कि राजस्थानी परिवार का स्वरूप कैसा है-

रातां फूलां रंग घणो
रातां फूलां रंग घणो।
कोई धोळा जी चमेली का फूल
रातड़ल्यां रंग चून्दड़ी॥

यहां नारी अपनी चूनड़ को प्रतीक मानकर कहना यह चाहती है कि मेरी चूनड़ का लाल रंग अनुराग और स्नेह का है तथा चमेली के सफेद फूल शांति के प्रतीक हैं। इसीलिए सौभाग्यवती नारियां प्रायः लाल चूनड़ ओढ़ना पसंद करती हैं। शास्त्र में भी लाल रंग प्रेम का और श्वेत रंग शान्ति का सूचक माना जाता है। दूसरा गीत यह-

घर आया साजनिया पूछै
घर आया लखपतिया पूछै।
गोरी ए थंने बालो कूंण
रातड़ल्या रंग चून्दड़ी॥
सवागण ए थंने बालो कूंण
रातड़ल्यां रंग चून्दड़ी॥

यानी, घर में आने के बाद साजन अपनी पत्नी से पूछते हैं कि ओ गोरी! तुम्हें कौन प्रिय लगता है? लाल रंग की चूनड़ ओढ़ने वाली गृहिणी का उत्तर कितना तर्क-संगत और स्नेह भरा है-

बालपणे म्हारी मांयड़ बाली
पछै जी म्हारा जळहर बाप
रातड़ल्यां रंग चून्दड़ी॥
भर जोबन केसरिया बाला
झोळ्यां जी जडूलियो पूत।
रातड़ल्यां रंग चून्दड़ी॥
आंणे-गूंणे बीरा सा बाला
भावज जी म्हारे लागै पाँव।
रातड़ल्यां रंग चून्दड़ी॥

अर्थात्, चतुराई के साथ स्वाभाविक प्रेम प्रकट करती हुई वह गौरी बताती है कि जब मैं छोटी थी, तो बचपन से ही माँ मुझे प्रिय लगती है और उसके अनंतर मेरे बादल के समान जन्मदाता पिता प्रिय हैं। युवावस्था में विवाह हो जाने पर आप केसरिया बालम प्रिय लगने लगे और जब बेटा जन्मा तो वह गोदी का लाल प्रिय लगने लगा। यही नहीं, पीहर से विदाई के समय आणा-गुणा और मायरे के कारण मुझे भाई भी उतना ही प्रिय है और भौजाई भी जो मेरे पाँव लगती है। इस प्रकार, मेरी लाल रंग की चूनड़ के साथ ये सभी परिवारजन मुझे बहुत प्यारे लगते हैं। ऐसा सुन्दर जवाब सुनकर पति बहुत प्रसन्न हो जाता है और दुगुने प्रेम से परणी को शाबाशी के साथ उसके द्वारा वांछित गहने भी घड़वाने का वादा करता है-

यां बातां सूं गौरी प्यारा लागो
याँ बातां सूं म्हाने प्यारा लागो।
देस्यूं जी थांने अगड़ घड़ाय
रातड़ल्यां रंग चून्दड़ी॥
कोई लेस्यां जी थांने हिवड़े लगाय,
रातड़ल्या रंग चून्दड़ी॥

पति ने खुश होकर कहा कि इन्हीं बातों और भावों के कारण तुम मुझे प्रिय लगती हो। अब मैं तुम्हें गले के भारी गहने बनवा कर दूंगा।

इसी तरह पारिवारिक स्नेह का प्रतीक यह गीत भी देखने योग्य है-

म्हारे चारूं ही देवर जेठ बुलावजो
म्हारी चारूं ही दौर जठ्याण्यां बुलावजो।
चारूं ही दौर जठ्याणां आंगण बैठी तो
अब म्हारी बरद रूळयावणीं
राजा बरदड़ी सवाई ओ लागे।
म्हारी चारूं ई नणंदा बेग बुलावजो
राजा काकी ससुरा की ने बाबी सुसरा की।
म्हारी सासू की जायी बेग बुलावजो
राजा चारूं नणंदा म्हारे आंगण ऊबी तो
अब म्हारी बरद रूळ्यावणीं।
राजा बरदड़लीर सवाई वो लागै
म्हारे चारूं ही बीरा बेग बुलावजो।
राजा काका बाबा का ने मामा-भुवां का
म्हारी जामण को जायो बेग बुलावजो।।
राजा चारूं ही बीरा म्हारे आंगण ऊबा तो
अब म्हारी बरद रूळ्यावणीं।।

अर्थात्, शादी या किसी उत्सव के प्रसंग में यहां की नारी अपने पति से अनुरोध करती है कि आप इस अवसर पर मेरे सभी देवर-जेठ और देवरानियों-जिठानियों को जरूर बुलाना। मेरे साथ, इस मांगलिक पर्व पर मेरी दौराणी-जिठाणी बैठी रहेंगी तो मुझे यह उत्सव की खुशी और समृद्धि आनन्ददायक तथा सवायी बढ़कर लगेगी।

इनके साथ आप सभी नणंदों को जिनमें बड़े पिताजी, काकाजी की बेटियां तथा मेरी सासूजायी सगी नणंद को भी शीघ्र बुलाना तभी मुझे यह खुशी और बरद (वृद्धि) अच्छी-सवायी लगेगी।

नारी की सज्जनता और लोक-मर्यादा देखिए कि पीहर के सदस्यों के नाम वह ससुराल वालों के बाद गिनाती है। कहती है कि मेरे सभी भाइयों को, काका-बाबा को और मेरे माँ जाया भाई को सबको बुलाना। क्यूंकि ये सभी बीरा मेरे आंगन में खड़े रहेंगे तो मुझे यह शुभ अवसर ज़्यादा आनन्ददायक और यह समृद्धि और भी सवाई अनुभव होगी।

इससे यह विश्वास हो जाना चाहिए कि राजस्थान की नारी का हृदय कितना विशाल है। वह पीहर और ससुराल दोनों परिवारों को एक साथ स्नेह-सरोवर में डूबे हुए देखना चाहती है। इससे बड़ा पारिवारिक मूल्य भला क्या होगा?

इस तरह के गीतों की भरमार है। हर उत्सव, अवसर पर नारी सब परिजनों को

एक साथ शामिल होते देखना चाहती है। इस पारिवारिक स्नेह का एक और सुन्दर लोकगीत है, जिसमें वह अपने एक-एक आभूषणों से तुलना करती हुई उन्हें प्रिय लगना बताती है-

म्हारे आंगण आम्बो मोड़ियो
म्हारे कँवळे पसरी गजबेल
सहेल्यां ए आंबो मोड़ियो॥
म्हारा सुसरासा गढ़ का राजवी
सासूजी ए म्हारा गरथ भंडार
सहेल्यां ए आंबो मोड़ियो॥
म्हारा जेठसा बाजूबन्द बाकड़ा
भाभीसा ए म्हारा बाजूबंद री लूम।
सहेल्यां ए आंबो मोड़ियो
म्हारा देवर दांती चूड़लो
दौराणी ए म्हारा चुड़ला की टीप।
सहेल्यां ए आंबो मोड़ियो॥
म्हारी नणंदल पाटू काँचळी
नणन्दोई ए म्हारा कसणां री लूम
सहेल्यां ए आंबो मोड़ियो॥
म्हारी धीयड़ हाथ री मून्दड़ी
जँवाई ए म्हारी मूंदड़ी रो काच
सहेल्यां ए आंबो मोड़ियो॥
म्हारे कुँवर कुळ को दीवळो
कुळ बहू ए म्हारा दिवळा की जोत
सहेल्यां ए आंबो मोड़ियो॥
म्हारा अतरा जी गैणा ऊपरे
लखपतिया ए म्हारा तिलक ललाड़
सहेल्यां ए आंबो मोड़ियो॥

अहा! पारिवारिक स्नेह का इतना अनमोल गीत, क्या किसी और प्रदेश के लोकसाहित्य में भी मिलेगा? जितने कपड़े-गहने स्त्री पहनती हैं- सब में, जैसे रोम-रोम में परिवार के सदस्य बसे हुए लगते हैं। जिस तरह, गाय के अंग-प्रत्यंग में हम तमाम देवताओं का निवास मानते हैं, कुछ वैसा ही अद्‌भुत दृश्य इस 'बधावा' नामक लोकगीत में समाया हुआ है।

इसके गूढ़ भाव ये हैं कि मेरा घर-परिवार सब तरह से हरा-भरा और समृद्ध हो रहा है। मेरे आंगन में तो आम की मंजरियां आ रही हैं और कोने में खिली-फूली बड़ी-सी बेल शोभा दे रही है। अरी, सहेलियों, मेरे सौभाग्य का क्या कहना! सब तरफ खुशहाली छाई हुई है। अगले चरण में उसके भाव ये हैं कि सर्वप्रथम सबसे बड़े मेरे पूजनीय ससुरजी हैं जो इस गढ़-हवेली के मालिक हैं, राजा हैं, परिवार के मुखिया हैं, जबकि सासूजी समस्त अर्थव्यवस्था को सुचारू रूप से संभालने वाली हैं।

मेरे जेठ जी, मेरे पति के बड़े भाई होने से कन्धे से कन्धा लगाए रखने वाले सहयोगी हैं, उस सहयोग में जिठानी जी का भी हिस्सा है। अगर जेठ जी शानदार बाजूबन्द हैं तो जिठानी उसके साथ बन्धी हुई बाजूबन्द की लूम (लटकन) है, जो टूट जाये तो बाजूबन्द पहनने लायक नहीं रहता।

इसी तरह मेरे देवर जी हाथीदांत के चूड़े की तरह बहुमूल्य और सुन्दर हैं। इस चूड़े की सुन्दरता दौराणी जैसे सोने की टीप के कारण है। बिना टीप के हाथीदांत का चूड़ा भी अनुपयोगी है।

मेरी प्यारी नणंद बाईसा तो मानो मेरी अन्तरंग रेशम की कांचळी (कंचुकी) हैं, यानी मेरे स्त्रीत्व की इज्जत है, घर की इज्जत है जिसे बनाए रखने के लिए नणंदोई 'कसणा' (बांधना) के रूप में मदद करते हैं।

और मेरी बेटी तो हाथ की मून्दड़ी (अंगूठी) है जिसमें नगीना के रूप में जड़े हुए हीरा मेरे जंवाई राज हैं। अंगूठी की शोभा हीरे के बिना नहीं होती।

मेरा कँवर (बेटा) तो मेरे घर का कुलदीपक है और बहुरानी मानो उस दीपक की शिखा (लौ) है। लौ के बिना कभी उजाला नहीं हो सकता। पुत्र के साथ पुत्रवधू की जोड़ी दीपक बाती की तरह अभिन्न है। पुत्रवधू से ही यह मकान 'घर' लगता है।

अन्त में इतने तमाम आभूषणों-वस्त्रों से परिजनों की खूबसूरत तुलना करने के पश्चात् अपने पति के लिए कहती है कि इन सब गहनों के ऊपर मेरे लखपतिया (आप) मेरे ललाट पर तिलक समान सर्वोपरि शोभा बढ़ाने वाले हैं। तिलक-सिन्दूर के बिना सौभाग्यवती स्त्री का शृंगार कैसा? बिहारी ने भी भाल की बिन्दी या तिलक की शोभा को, नारी-सौन्दर्य को दस गुणा बढ़ाने वाला कहा है-

तिय ललाड़ बेन्दी दिए
आँक दस गुनो होत।

पारिवारिक मूल्यों की कसौटी पर सोने की तरह खरा उतरने वाला यह प्यारा गीत 'बधावा' काफी लंबा और प्रतीकार्थों से भरा-पूरा है। इसका अगला चरण इस प्रकार है-

म्हूं तो वारी ओ सुसरा सा
थांका राज ने।
जठे निपजे जी गून्दगरी को वो बाड़
सहेल्यां ए आंबो मोड़ियो॥
वे तो जूं चूसूं जूंई रस घणो
रस भरिया ए भोळी बाईसा रा वीर
म्हूं तो वारी जी बाबल थांका राज में
जठे निपजे जी गरड़ी को ए भात
सहेल्यां ए आंबो मोड़ियो॥
वे तो ज्यूं रांधूं ज्यूं ही ऊजळा
वे तो उजळा जी म्हारी माँ का जाया बीर
सहेल्यां-ए आंबो मोड़ियो।
म्हूं तो वारी जी सासूजी थां की कूंखने
थैं तो जाया जी
जोड़ी का सिरदार
सहेल्यां ए आंबो मोड़ियो॥
मैं तो वारी ए बहू थारी जीभ ने
थै तो बखाण्यो ए
म्हारो सैई परिवार
सहेल्यां-ए आंबो मोड़ियो॥

परिवार के सभी सदस्यों को इतनी आत्मीय उपमाएं और महत्त्व देने के बाद भी कुलवधू का मन नहीं भरा। वह पुनः बहुत सरस ढंग से सब का आभार ऐसे शब्दों में प्रकट करती है कि मन द्रवित हो जाता है।

कुलवधू, इस बधावे में आगे सबसे पहले ससुरजी के प्रति आभार व्यक्त करती हुई कहती है कि मैं आपके राज में न्यौछावर हूँ जहां गून्दगरी की बाड़ (गन्ना) पैदा होती है। गून्दगरी ईख की वह किस्म है, जिसके हर एक पैरवे में मीठा रस भरा हुआ रहता है। उस गन्ने को ज्यों-ज्यों मैं चूसती हूँ तो वह उतना ही रस उगलता है और तृप्ति नहीं होती। यहां परिवार में, गन्ने के रस की तरह बहुत मीठे स्वभाव और रस भरे व्यवहार वाले मेरी नणंद बाईसा के बीर भी हैं, जो मुझे सब तरह का सुख, रस और आनन्द प्रदान करते हैं।

यहां 'रस' बड़े व्यापक और गूढ़ अर्थ वाला बहुआयामी शब्द है। काव्यशास्त्र में तो 'रस' का पूरा संप्रदाय ही है, जिसमें काव्य और नाटक से उत्पन्न होने वाले 'रस'

के महत्त्व और व्याख्या प्रतिपादित करने वाले सैंकड़ों ग्रन्थ आचार्यों ने लिखे हैं। इस आधार पर यहां भोली-भाली अनपढ़ स्त्रियों ने 'रस' शब्द को लाकर और वह भी गन्ने के रस की मिठास के समानांतर, अपनी व्यंजना-शक्ति का प्रदर्शन किया है। यही लोकगीतों की असली ताकत है कि वे अशास्त्रीय और सरल-सादगी वाले होकर भी कितने गहन और उदात्त भाव व्यक्त करने में समर्थ हैं।

नारी उभयकुलानन्ददायिनी (दोनों ही कुल को आनंद अर्थात् सुख देने वाली) होती है, अतः अपने पीहर के पिता-माता-भाई-भावज को कैसे भूल सकती है? यहां बाबा तुलसीदास का यह दोहा याद आता है, जिसमें उन्होंने मनुष्य को भीतर और बाहर दोनों जगह एक साथ उजाला चाहने वाले को रामनाम रूपी मणि-दीप को जीभ पर धरने को कहा है। जीभ वह अंग है जहां कंठ स्थान से, एक दुनिया आदमी के भीतर की है- शरीर, मन और प्राणों की और दूसरी दुनिया बाहरी भौतिक संसार की है। बाबा ने लिखा है-

राम नाम मनिदीप धरू
जीह देहरी द्वार।
तुलसी भीतर बाहरे
जो चाहसि उजियार॥

ऐसे ही, प्रयोग रूप में नहीं, स्वभाव वश राजस्थान की नारी पीहर और ससुराल दोनों को उजाला देने वाली है और दोनों की मंगलकामना करती है। राजस्थान में एक छोटी-सी कहावत भी है कि-

'आपके कन बाप के।'

यानी स्त्री के जीवन के दो ही ठिकाने हैं- स्वयं का ससुराल वाला घर या फिर पिता का घर जहां वह जनमी तथा बड़ी हुई है। पति और बीरा, नारी-जीवन के दो स्थायी ध्रुव हैं, जिनके बीच वह सन्तुलन साधती हुई अपना पूरा जीवन बिता देती है।

सो, पुनः 'बधावे' की व्याख्या पर आते हैं जहाँ पीहर को याद करके कहती है कि ओ पिता! आपके राज पर भी मैं न्यौछावर हूँ जहां गरड़ी किस्म का चावल पैदा होता है और उसकी खासियत यह है कि उसे मैं ज्यों-ज्यों रांधती हूं, वह त्यों-त्यों अधिक उजला होता जाता है। जैसे मेरा बीर भाई उजळा है, चरित्रवान् और आदर्शवान् है, जिसमें सब गुण हैं। 'उज्ज्वलता' यश, कीर्ति और तारीफ जैसे शब्दों की सूचक मानी जाती है। इसके विपरीत 'काला मुँह' होना कलंक और भर्त्सना का सूचक माना जाता है। पिता और भाई को चारित्रिक उज्ज्वलता से जोड़कर स्त्री बहुत-कुछ कह देती है।

एक बार पुनः 'बधावा' गाती कुल-बहू ससुराल पक्ष की ओर उन्मुख होकर यह कहती है कि ओ सासूजी! मैं तो आपकी उस कोंख पर भी न्यौछावर होती हूं, जिसने मेरी जोड़े के सरदार जैसे सामर्थ्यवान् पुरुष को जन्म दिया है।

इस पर सासूजी भी द्रवित हो उठती हैं और बहू को धन्यवादी स्वरों में कहती हैं कि, अरी बहू! मैं भी तेरी इस शुभवचन बोलने वाली जीभ पर हृदय से न्यौछावर हूं, जिसने मेरे सारे परिवार की ऐसी सुन्दर प्रशंसा की है।

उपर्युक्त मूल गीत 'बधावे' की संपूर्ण प्रस्तुति और व्याख्या नहीं है, अपितु उसके मुख्य अंश ही यहां संजोये गए हैं। इनसे, यहां के लोकगीतों की आंतरिक ऊर्जा, शुभता, सुन्दरता और सत्यता का एक मोटा अंदाजा लगाया जा सकता है।

अंत में, पारिवारिक मूल्यों के बिन्दु पर अब यहां केवल एक और गीत का कुछ हिस्सा प्रस्तुत कर इस प्रकरण को यहां समाप्त करना चाहूंगी। उस गीत का यह अंश भी समवर्ती है-

कोयल आज ए म्हारा जळहळ जामी आवसी
एवा जस्यो ए आषाढ़ रो मेह, म्हारे सूखा सरवर वे भरे जी।
कोयल आज ए म्हारी राता देई आवसी
ऐवा जसीय कातीड़ा की रात
म्हारा ऊंणा-खूणां वा भरे जी॥
कोयल आज ए म्हारा देवर जेठज आईया
कोयल आज ए म्हारी दौर जठयाण्यां आवसी
ऐवा बैठे ये म्हारा मांडपड़ा रे बार
म्हारा चावत छेरा वे करै जी॥
कोयल आज ए म्हारो लोड्यो देवर आवसी
ऐवा जस्यो ए गोकळिया रो कान्ह
सायब के जोड़े ऊ फरे जी॥
कोयल आज ए म्हारी सासू जायी आवसी जी
ऐवा बैठे म्हारी सांमली पछीत
म्हारे ओसा मौसा वा बोले जी॥
कोयल आज ए म्हारी जामण जायी आवसी
ऐवा जसी य सावणिया री तीज
झळामळ करती वा फरे जी॥
कोयल आज ए म्हारो जामण जायो आवसी

ऐवा जस्यो ए बजाजी री हाट
म्हारे पीळा चून्दड़ मुलावे जी॥
कायेल आज ए नखराळी भावज आवसी जी
ऐवा जसीय रंगरेजां री हाट
म्हारे मेहन्दी लच्छा मोलवे जी
कोयल आज ए म्हारी कूंखज जायी आवसी जी
ऐवा जसीय सालूड़ा री कोर
म्हारे लावण लागी वा फरै जी॥
कोयल आज ए म्हारो कूंखज जायो आवसी जी
ऐवा जस्यो ए मोतीड़ां रो हाट
म्हारे हिवड़े लागे ऊ फरै जी॥

यहां कोयल को 'भ्रमरगीत' के भ्रमर की भाँति संबोधित करते हुए, विवाह या उत्सव में पीहर व ससुराल वालों के आगमन की भावना व्यक्त की गई है। सबसे पहले पिता को बुलाया है जो आषाढ़ के बादल की तरह घर के सूखे तालाब को जल से भर देंगे। फिर माँ का आह्वान और आगमन काम्य है जो कार्तिक मास के धन-धान्य की तरह कोठे भर देगी। फिर देवर-जेठ के आगमन की कामना जो सारी व्यवस्था संभालेंगे। फिर एक नाना-सा देवर के आगमन की बात जो मानो गोकुल का कृष्ण ही है। वह मेरे पति के साथ घूमता रहेगा। फिर आड़ी-टेढ़ी बोलने वाली नणंद, फिर माँ जायी बहन जो सावण की तीज जैसी है झिलमिल करती हुई। फिर बीरा की उपमा उदार दानी बजाजी (वस्त्र व्यापार) की हाट जैसा और नखराली भावज रंगरेज के बाजार सी रंगीली है।

आखिर में बेटी जो ओढ़नी की किनार जैसे लहंगा पकड़कर घूमेगी और बेटा भी आने वाला है जो मोती के हार जैसा गले लगा हुआ मेरे साथ घूमेगा।

वर्णन पूरा करने की इच्छा को यहां दबाते हुए यही कहना चाहती हूँ कि परिवार को हमेशा एक, स्नेह-ममता-भरा रसभरा रखने और चाहने की जैसी प्रबल भावना और कामना राजस्थान की नारियों में कूट-कूट कर भरी है, उतनी यहां के पुरुषों में नज़र नहीं आती।

अध्यायः 6

राजस्थानी गीतों में नारी की स्थिति

मानव-समाज में नारी के हालचाल की बात तो मैं बाद में कहूंगी, उससे पहले यह बताना जरूरी है कि देवताओं के समाज-जिसे आज तक किसी ने नहीं देखा, जो केवल पुराणोक्त कल्पनाप्रसूत है-में भी नारी की स्थिति पुरुष की दासी से अधिक बेहतर नहीं कही जा सकती। इसका प्रमाण है हमारे शास्त्रों के अनेक उदाहरण और उनके आधार पर छपे हुए चित्र और कलेण्डर, तस्वीरें- जिनमें भगवान विष्णु क्षीरसागर के बीच शेषनाग की कोमल शय्या पर आराम से सोये हुए हैं और उनकी पत्नी लक्ष्मी जी उनके चरण दबा रही है। यही काम सीता को भी करते रहना पड़ा था। हां, राधा के मामले में जरूर उल्टा विवरण भागवत तथा अन्यान्य कृष्ण-भक्तिपरक ग्रन्थों में मिलता है, जहां राधा के चरण कृष्ण द्वारा दबाए जाने का कई बार उल्लेख है। इसका कारण एक तो यह है कि राधा कृष्ण की पत्नी नहीं, बल्कि प्रेमिका थी और प्रसंग भी वहां रासलीला का है, गृहस्थी का नहीं।

साथ ही, इस प्रसंग में एक बात यह भी बताना जरूरी लगता है कि सीता का रावण द्वारा हरण कर लिए जाने से रावण का राम द्वारा वध हुआ। इसके उपरान्त अपने चरित्र की शुद्धता और पवित्रता सिद्ध करने के लिए सीता को ही अग्निपरीक्षा देनी पड़ी, राम को नहीं। सवाल यह है कि मर्यादा-पुरुषोत्तम श्रीराम ने अपनी चारित्रिक शुद्धता को प्रमाणित करने के लिए ठीक ऐसी ही अग्नि परीक्षा क्यों नहीं दी? जबकि वे भी सीता के बिना बरसों तक अकेले रहे थे! इस तरह, नारी के साथ अन्याय तो ठेठ ऊपर से अनादिकाल से चला आ रहा है, जिसमें पुराण-साहित्य और 'मनुस्मृति' जैसे शास्त्रीय ग्रन्थ सहायक रहे हैं।

वैदिक काल में तो फिर भी नारी का रुतबा पुरुष के बराबर बना रहा, लेकिन मध्यकालीन भारत में तो नारी की हालत पुरुष के अधीन दयनीय ही रही। मध्यकाल से पूर्व, आर्थिक प्रबन्ध, शिक्षण कार्य और सुरक्षा जैसे तीनों ही जीवन के विभाग देवीरूपा

स्त्री केन्द्रित माने जाते रहे- क्रमशः लक्ष्मी, सरस्वती और माँ दुर्गा काली के रूप में। धीरे-धीरे पुरुष वर्ग ने स्त्री को गुलाम बनाकर रख लिया।

इस स्थिति को हिन्दी काव्य के कतिपय सन्दर्भों से हम ज़्यादा सही तरीके से आत्मसात कर सकते हैं। पहले बाबा तुलसीदास, जिन्होंने अपनी पत्नी को मात्र एक मर्मान्तक वाक्य कहने भर से जीवनभर के लिए परित्यक्त कर दिया और जो स्त्री-शिरोमणि सीता की बारंबार 'चरणवन्दना' करते नहीं थकते- अपने महान् काव्य "रामचरितमानस" में पार्वती-विवाह के प्रसंग में यह चौपाई लिखकर नारी-जीवन की असल त्रासदी को स्वतः प्रकट कर देते हैं-

कत बिधि-सृजी नारि जग मांही।
पराधीन सपनेहुं-सुख नाहीं॥

इधर हिन्दी के प्रख्यात पुरोधा कवि मैथिलीशरण गुप्त ने भी यही सत्य इन शब्दों में प्रकट किया है-

अबला जीवन हाय तुम्हारी करुण कहानी।
आँचल में है दूध और आँखों में पानी॥

तो, तदनन्तर महाकवि जयशंकर प्रसाद ने अपनी अमर रचना 'कामायनी' में इन पंक्तियों से नारी के करुण यथार्थ को चित्रित किया है-

आंसू से भीगे अंचल पर मन का सबकुछ रखना होगा।
तुमको अपनी स्मिति रेखा से यह 'सन्धिपत्र' लिखना होगा॥

यहां 'आंसू से भीगा आंचल' भारतीय नारी के जीवनभर पुरुष के राज में रोती रहने का प्रमाण है, वह मार खाकर भी मुस्कराती रहने को 'सन्धिपत्र' लिखने को बाध्य होती है।

यह तो अतिचार ही कहना चाहिए कि बच्चे से लेकर बड़ों तक को सुबह नींद से जगाने से लेकर रात को नींद आ जाने तक उनके (पति के) चरण दबाते रहना नारी का ही कर्तव्य है। इसी प्रसंग में- राजस्थान की ही महान भक्त कवयित्री मीराबाई के अनेक गीत, पुरुष-वर्ग के श्रेष्ठ प्रतिनिधि श्रीकृष्ण की चाकरी बजाने और 'गुलामी में सुख' अनुभव करने से संबंधित हैं। कुछ वाक्य मीराबाई के गीत से उद्धृत हैं-

श्याम म्हांने चाकर राखो जी

चाकर रहस्यूं बाग लगास्यूं
नित उठ दरसण पास्यूं।।

X X X

म्हूं थारा चरणां की दासी।

X X X

दासी मीरां लाल गिरधर
चरण कमल की प्यासी।।

इस तरह 'पितृसत्तात्मक समाज' के वर्चस्व ने पुरुष की गुलामी में ही अपना सुख आनंद मान लेने का मिथ्या 'संस्कार' नारी के दिलो-दिमाग में फिट कर दिया जो हज़ारों वर्षों के बावजूद नहीं निकल सका है।

अब राजस्थान में गाये जाने वाले लोकगीतों में इसके ज़्यादा सटीक, स्पष्ट और विश्वसनीय उदाहरण हमें कदम-कदम पर मिल जाएंगे। मदमस्त सोए पुरुषों को प्रात: नींद से जगाना नारी के ही जिम्मे है, देखिए-

वाँने आई छै सुखभर नींद
हर बोलो बियाणा रळियावणा।
वाँकी राण्यां जो जाय जगाईया
जागो जागो बाईसा रा बीर
हर बोलो बियाणा रळियावणा।।
पौढ्या जागो सासूजी रा लाल
हर बोलो बियाणा रळियावणा।।

प्रात:काल की सुन्दरता बड़ी रमणीय है। सोए लोगों की रानियाँ (पत्नियाँ) उन्हें जगाने लगी हैं। ओ बाई सा के बीर, ओ सासूजी के लाल अब उठिए, सवेरा हो गया है। आगे, इस गीत में जगाती हुई यह याद दिलाती है कि आपको घर में शादी-ब्याह की सारी व्यवस्था करनी है। इसलिए आलस त्याग करके उठ जाइए।

घर का सारा काम-काज बस नारी ही करती रहेगी। घरधणी के 'कुलदीपक', 'वंशवर्धक' बच्चों को जन्म देती रहेगी, उनका मल-मूत्र साफ करती हुई खटती रहेगी। नाम पिता का, दादाजी का ही होता रहेगा। मेहनत स्त्री की, यश उनका, धन उनका, स्त्री भी उन्हीं की संपत्ति- सुख-साधन के रूप में।

नारी की ऐसी हालत राजस्थान के अनेक लोकगीतों में व्याप्त है। सभी यह कहते हैं कि 'फलाँ चन्दजी' के बेटा/बेटी हुई है, पर कोई यह कहता हुआ नहीं मिलेगा कि रमादेवी या लक्ष्मीदेवी के बेटा/बेटी हुआ है। अब जरूर सरकार ने शिक्षा क्षेत्र में एक नियम लागू करवाया है कि बच्चे के स्कूल-अभिलेखों में 'माँ' का नाम भी लिखा जाना अनिवार्य है। हालांकि ये वही सरकारें और राजनीतिक पार्टियां हैं, जिन्होंने आज तक संसद में 33% स्त्री-सांसदों के वर्षों पुराने लंबित बिल को आज तक पास नहीं होने दिया है। इसे स्वाधीन भारत के महान लोकतंत्र की निन्दनीय विडंबना ही कहना चाहिए।

जैसा कि सब जानते हैं, स्त्री का आर्थिक रूप से पुरुष के अधीन होना सबसे बड़ा कारण है नारी की बदतर हालत का। पुरुष को यह डर है कि कमाने वाली औरत पुरुष की परवाह नहीं करेगी और उसके घर की वह 'इज्जत' है जो पराए पुरुषों के बीच काम करेगी। लोग कहेंगे कि "अब लुगायां को कमायो तको खार्या है।"

मध्यकालीन प्रतिबन्धों की मजबूती के चलते वह रोटी से लेकर वस्त्र, आभूषण तक के लिए पति और भाई पर सदा के लिए आश्रित हो गई। अपने सुहाग के चिह्न रूपी गहने भी वे देंगे, तभी पहनेगी। चूड़ा, चूनड़, कंगन, पाजेब-बिछुआ आदि के लिए उसे पति या भाई से लगभग याचना के स्वर में गुहार लगानी पड़ती है-

बीरा सा म्हारा माथा रे परवाणे
रखड़ी घड़ाजो सा।
बीरा सा म्हारा हिवड़ा रे परवाने
तमण्यो घड़ाजो सा।।
बीरा सा म्हारा ओ सुसरा सा री पोळ्याँ
मायरो पैराजो सा।
बीरा सा म्हारा केसरिया रे जोड़े
ऊभी प्यारी लागूं सा।।

हे बीरा! मेरे सिर के नाप की रखड़ी, छाती के नाप से तमण्या (गले का गहना) घड़ा कर लाना और मेरे ससुर जी की पोळ में जाजम पर माहेरा पहनाकर मेरा सम्मान करना, बल्कि कहना चाहिए- मेरी लाज रखना।

यही नहीं, पुराकाल में राजा की अन्तःपुर की नारियों को 'असूर्यपश्या' तक कहा जाने लगा। यानी राजा के महलों में शादी के साथ प्रवेश करने पर वह जीवन भर बाहर सूर्य तक को नहीं देख पाती थी। मरने पर उसकी 'लाश' ही सूरज की किरणें पाती थी। तो यहां राजस्थान की कुल-बहुओं की भी कमोबेश यही हालत रहती आई है और यह कहावत लोक-कंठ में खूब प्रचलित है कि-

ई घर में म्हूं ऊभी व्हैर
आई ही जो अबै आड़ी व्हैरई निकेळूँ।।

खुद स्त्रियों का यह कथन है कि इस घर में विवाह के समय मैं खड़ी होकर घुसी थी, सो अब 'अरथी' पर लेटी हुई हालत में ही बाहर निकलूंगी। इससे तो लगता है कि 'पिंजरे' का तोता भी ज़्यादा अच्छा होता होगा।

नारी की इस दयनीय हालत से, उसे उबरने को आह्वान करती हुई 'कमला भसीन' का यह शेर यहां बड़ा पठनीय है कि-

तेरे सिर का ये आँचल
बहुत खूब है लेकिन,
तू इस आँचल का एक
परचम बना लेती तो अच्छा था।

अपनी घुटनभरी जिन्दगी में यदि वह कहीं यात्रा में बड़ों के साथ बाहर जाने की इच्छा व्यक्त करती है तो उसे यह कहकर मना कर दिया जता है कि सास-ससुर ही तेरे तीरथ हैं। इनकी सेवा करो। संबद्ध लोकगीत का यह अंश देखिए-

एक अरज म्हारी सुणो जी नवल बना
म्हांने करा दो च्यारूं धाम।
चारूं ही धाम बनी घर में समझलो
कुटुम कबीलो परवार।।
सुसरासा ने बदरीनारायण समझलो
सासूजी गंगा को जी नीर।
जेठ सा ने जगन्नाथ समझलो
भाभीसा भागीरथी को नीर।।
देवरसा ने लक्ष्मीनारायण समझलो
दौराणी लछमी को अवतार।
पति ने तो थैं परमेसर समझलो
थैं छौ जी सतवन्ती नार।।
चारूं ही धाम बनी घर में समझलो
कुटुम कबीलो परवार।।

घर वालों की भावना और निर्देश को भाँपते हुए, राजस्थान की किन्हीं स्त्रियों ने ही अपने मन को समझाने के लिए यह गीत रचा होगा, ऐसा प्रतीत होता है।

इस गीत में स्पष्ट कहा गया है कि चारों धाम तुम्हारे ससुराल में सास-ससुर, जेठ-जेठानी की सेवा और देवर-देवरानी की देखभाल में ही निहित हैं। अतः तीर्थ यात्रा के मनसूबे बनाना छोड़ दो। शायद, इसी तरह राजस्थान ही नहीं, देश के अधिकतर अंचलों में यही स्थिति नारी के बारे में रही है।

मनुस्मृति एक श्लोक में जहां नारी को पूजनीय मानती है और उसके आंसुओं को कुल का विध्वंसक मानती है, वहीं एक दूसरे श्लोक में उसे क्षणभर और तिलभर की आज़ादी देने के पक्ष में नहीं है। ये दोनों श्लोक विरोधाभासी और पुरुष वर्ग की दोगली मानसिकता के परिचायक भी हैं–

यत्र नार्यस्तु पूज्यन्ते
रमन्ते तत्र देवताः।
शोचन्ति जामयो यत्र
विनश्यत्याशु तत्कुलम्।।

X X X

पिता रक्षति कौमारे
भर्ता रक्षति यौवने।
रक्षन्ति स्थविरे पुत्राः
न स्त्री स्वातंत्र्यमर्हति।।

पहले श्लोक में जहां नारी की पूजा होती है वहाँ उस घर में देवता रमण करते हैं और जिस घर में स्त्रियां दुखी रहती हैं, वह घर और कुल शीघ्र नष्ट हो जाता है।

जबकि दूसरा श्लोक ठीक इससे विपरीत अर्थवाला है कि, जन्म से बचपन तक पिता उसकी रखवाली (चौकीदारी) करता है, युवावस्था में पति रखवाली करता है और वृद्धावस्था में पुत्र उसकी रक्षा का ध्यान रखेंगे। पूरे जीवन में स्त्री कोई स्वतंत्रता पाने के योग्य नहीं है। हद हो गई! यह भारतीय संस्कृति में नारी की गरिमा और महिमा का हाल है! कहां तो आदर्श और कैसा व्यवहार?

राजस्थान में कन्या-भ्रूणहत्या या जन्म के बाद लड़की को मार देने का भी पुराना कलंक चला आ रहा है। इसके पीछे भी पुरुष-वर्चस्व और दहेज ही कारण रहा है। कन्या-भ्रूणहत्या के पीछे मूल कारण राजस्थान की वह अहंकारी सामन्ती मानसिकता रही है, जिसमें बेटी वाले को शादी के समय से लेकर आजीवन बेटे वालों से हेठा और नीचा समझा जाता है और उनके सामने करबद्ध झुके रहना पड़ता है। यहां पर, "अरे, बेटी का बाप" किसी आदमी के लिए तिरस्कारसूचक दयनीय गाली है। बेटा जन्मने

पर थाळ, ढोल–नगाड़े–बैण्ड बजाया जाता है और बेटी के जन्म पर मातम मनाया जाता है। प्रमाणस्वरूप प्रस्तुत है, उस गीत का एक अंश–

घर घर पन्ना मारू बाजे छै ढोल
कोई हम घर बाजै छै डीमकी जी म्हांका राज।
मरूँ य क जीऊँ म्हारी माय
लखपतिया मौसा बोलिया जी म्हांका राज॥
सूरज आगे करूंली पुकार
बेमाता आगे बीणनी जी म्हांका राज।
प्यारी धण ने लाग्या पूरा मास
प्यारी धण ने लाग्या नो दस मास,
चतुरभुज जनमिया जी म्हांका राज
दादासा रो बंस बधाईया जी म्हांका राज॥

अर्थात् जिस घर में पिता का वंशवर्धक बेटा जन्मा वह चतुर्भुज विष्णु भगवान का अवतार है, अतः ढोल बज रहे हैं। मेरी बेटी जन्मी है सो मैं मरूँ या जीऊँ? मेरे पति भी मुझे फटकार रहे हैं। मैं सूर्य भगवान् और विधाता से ही विनती कर सकती हूँ।

इस लोक को ही क्यों दोष दें? हमारे शास्त्र भी पिछले हज़ारों बरसों से यही राग अलापते आ रहे हैं कि–

अपुत्रस्य गतिं नाऽस्ति
लुप्त पिण्डोदकः क्रिया॥

बिना पुत्र के पिता की गति नहीं होती, क्यूंकि उसे पिण्ड–तर्पण करने वाला कोई नहीं रहता। बेटी को यह अधिकार नहीं है। कपूत हो चाहे सपूत, बस बेटा चाहिए। बेटियां भले ही माँ–बाप पर प्राण न्यौछावर क्यों न करती हों, पर संपत्ति में उनका कोई हिस्सा नहीं। हालांकि, भारत में इसका कानूनी प्रावधान है।

बेटे को पालणे में लाड़–प्यार से झुलाने–दुलराने का बार–बार गीतों में वर्णन है, परंतु बेटी के लिए पालणा, दूध, घी आदि भी अनावश्यक माना जाता है। एक उदाहरण–

थूँ तो जाजे रे खाती डूंगरां
थूँ तो लाजे रे हरिया बाँस
सूरजमल हीन्दे पालणो॥

बेटा तो सूरजमल है, चतुर्भुज है और बेटी आज भी ग्रामीण जीवन में 'घोड़ा रांड' है, बोझ है, भार है, पराया धन है, जोखिम है, लेणदार है। खिलौना लाएंगे तो बेटे के लिए, टोपी-पोशाक, मिठाई लाएंगे तो बेटे के लिए-

नान्या रा दादासा दसावरां
वे तो गिया गुजरात, मांझल रात
नान्या रे टोपी मोलवे।।

बेटी की शादी, दहेज और कन्यादान भारी मुसीबत मानी जाती है। बारात का स्वागत एक सिरदर्द और आफत। लग्नमंडप में, एक गीत में, बेटी दीन स्वरों में पिता-दादा आदि को आवाज लगा रही है-

घड़ी भर मांडा हेठे आवो रा दादासा
या छै धरम की बेळयां जी।
धरम हमारो ए बाई करम तुम्हारो
कन्या परणायर जस लेस्यां जी।।

इधर देखिए बेटी अपने भाग्य पर आँसू बहाती हुई क्या कह रही है अपने जन्मदाता से-

दादासा म्हैं तो थांकी गाय की बाछिया
बाँधे जठै बंध जाऊँ
कांई थारो कर्यो मैं कसूर।।

ठेठ वैदिक काल से विवाहिता नारी को "पुत्रवती भव" का ही आशीर्वाद दिया जाता रहा है, "पुत्रीवती भव" का क्यों नहीं? मध्यकाल आते-आते पुरुषों ने नारी के सारे अधिकार छीन लिए। वेदपाठ नहीं कर सकती, जनेऊ नहीं पहन सकती, खुले मुँह नहीं रह सकती, आर्थिक निर्णय नहीं ले सकती। केवल पुरुष के साथ गठजोड़े से बंधी रहकर उसकी शोभा बढ़ा सकती है।

अन्त में, नारी और कन्या के प्रति घोर उपेक्षा का एक और सटीक तथा पुष्ट उदाहरण देते हुए इस प्रकरण को यहीं समाप्त करना उचित होगा-

म्हारी ऊँची मेड़ी जी चतर साळ
जी म्हारे चौबारां दिवळो बळै।
म्हूं तो जणीं चढ़ जणस्यूं जी धीय
जी म्हारे धीय जण्यां दुख ऊपजे।।

म्हारे आवेली जान-बरात
जी म्हारे पातर आवे नाचती
म्हारे घर रीतो जी म्हारो पेट
जी म्हारी धीय जँवाई ले जासी।।
म्हांरी ऊँची मेड़ी जी चतर साळ
जी म्हारे चौबारां दिवळो बळै।
म्हूं तो जणीं चढ़ जणस्यूं जी पूत
जी म्हारे पूत जण्यां सुख ऊपजै।।
म्हारे जावेली जान-बरात
जी म्हारे पातर जावै नाचताँ।
म्हारो घर भरियो जी म्हारो पेट
म्हारे सकल बुवां को झूमको।।
सर जिवजो राजा दसरथ जी का जोध
जी म्हारे मन का मनोरथ पूरिया
सर जिवजो सजनां की य धीय
जी थैं बंस बधायो म्हारा बाप को।।

इस गीत में बेटी के जन्म पर उसकी शादी करके विदा करने का झंझट, फिर घर में सूनापन आ जाने का दु:ख है जबकि बेटे के जन्म के बाद घर में बहुएं आने और वंश वृद्धि का महान सुख गाया गया है।

अब समय और शिक्षा के प्रसार से राजस्थानी लोक-जीवन की मानसिकता बदल रही है और नए युग में नई नारियों को बेटियों के पक्ष में अच्छे और सुन्दर गीतों की रचनात्मक पहल करनी चाहिए। हमारी यही मंगलकामना है।

❍

अध्यायः 7

राजस्थानी गीतों में सामाजिक व्यवस्था एवं कार्य-विभाजन

प्राचीन भारतीय समाज-व्यवस्था में, चार वर्ण या वर्ग-विभाजन के संकेत ठेठ वैदिक संहिताओं में मिलते हैं। ब्राह्मण सर्वोच्च और प्रथम श्रेणी के, क्षत्रिय द्वितीयक, वैश्य तृतीयक और शूद्र चतुर्थ स्थानीय। ऋग्वेद का यह मंत्र इसका साक्षी है-

ब्राह्मणोऽस्य मुखमासीद् बाहू राजन्यः कृतः
ऊरू तदस्य यद्वैश्यः पद्भ्यां शूद्रोऽजायत।।

अर्थात् उस विराट परम पुरुष के मुख से तो ब्राह्मण जन्मे, भुजाओं से क्षत्रिय, जंघाओं से वैश्य और पाँवों से शूद्रों की उत्पत्ति हुई। देखने में निश्चय ही यह मंत्र प्रतीकात्मक लगता है और परवर्ती भी। क्यूंकि कभी भी मुँह, भुजा या जंघा-पाँवों से मनुष्य नहीं जन्मा करते। वरन सन्त कबीर क्यों ऐसी चुनौती ब्राह्मणों के कुलीन दंभ को देते कि-

बाम्हन है बाम्हनि का जाया।
आन बाट ते क्यो नहिं आया।।
मुसलमान मुस्लिम का जाया।
पेट में सुन्नत क्यों न कराया।।

यहां कबीर जन्म के आधार पर जातीय श्रेष्ठता और नीचता की भर्त्सना करते हुए यह कह रहे हैं कि खुद को सर्वश्रेष्ठ समझने वाले ब्राह्मण अपनी माँ की जननेन्द्रियों से ही क्यों जनमे? किसी और मार्ग अर्थात् मुख-कान आदि से क्यों नही जनमे? मुसलमान खतने को अपनी पहचान मानते है, तो पेट के भीतर से ही सुन्नत कराके ही क्यों नहीं आये?

दरअसल बात यह है कि जो कर्म आधारित जाति व्यवस्था बनी थी, उसे जन्म आधारित मान लिया गया है। इससे ऊँचा काम करने वाले खुद को श्रेष्ठ तथा नीचा काम (सेवा) करने वाले को नीच समझने लगे और धीरे-धीरे यह बीमारी भारतीय सामाजिक व्यवस्था का एक चिरकलंक होकर रह गई।

कर्मानुसार समाज-विभाजन वैदिक समय से ही चल रहा है। उस काल में वस्त्र बुनने वाले, चर्मकार, रथ-निर्माता, कृषि करने वाला, गोपालक, अश्वपालक, मृदापात्र बनाने वाले कुम्भकार बाकायदा स्वकर्म में दक्ष और पारंगत हो चुके है और एक-दूसरे को ऊँचा-नीचा समझने की दुर्भावना तब पैदा नहीं हुई थी। यह दुर्भावना, पौराणिक युग और मध्यकाल में आकर पनपने लगी, जब 'म्लेच्छ', 'चांडाल' और 'श्वपच' जैसे घृणा सूचक गाली-नुमा शब्द ब्राह्मण-मस्तिष्क ने आविष्कृत किये और मनुस्मृति में ऐसे श्लोक प्रक्षिप्त कर घुसेड़ दिए गये। जब महाभारत में इतने प्रक्षिप्त अंश है तो मनुस्मृति इससे वंचित कैसे रह सकती थी।

हमारा प्रयोजन, ऊपर के वक्तव्य की रोशनी में, राजस्थानी लोकगीतों में व्याप्त गृहस्थों के कर्मानुसार सामाजिक विभाजन और परस्पर वस्तु-विनिमय, सेवा-विनिमय का आकलन मात्र है। यहाँ इन गीतों में कुम्हार, सुनार, माली, सुथार आदि को 'बीरा', 'भाई' संबोधित कर सम्मानपूर्वक सहयोग कि कामना की गई है। इस तथ्य से, ये लोकगीत, शास्त्रीय ग्रन्थों से ज़्यादा मानवीय और सामाजिक समरसता वाले हैं। उदाहरण-

म्हारे ओ बीरा कुम्हार्या रो बेटो नूंतियो
म्हारे ओ बीरा कुंभ कळस ले आय
रंग भरियो मांडो छाय रियो।।
म्हारे ओ बीरा बजाजी रो बेटो नूंतियो
म्हारे ओ बीरा सोनीड़ा रो बेटो नूंतियो
म्हारे ओ बीरा पडळा ले आय
थूं गैणा ले आय
रंग भरियो मांदळ बाजियो।।
म्हारे ओ बीरा खैरादी रो बेटो नूंतियो
म्हारे ओ बीरा कन्दोई रो बेटो नूंतियो
म्हारे ओ बीरा तमोळी रो बेटो नूंतियो
म्हारे ओ बीरा चुड़ला ले आय
थूँ मेवा ले आय थूँ बिड़ला ले आय
रंग भरियो मांडो छायरियो।।

यह गीत कळश लेने जाते वक्त स्त्रियां गाती हुई जाती हैं। कळश लाने का काम विवाह की आवश्यक रस्म है। रंग-उमंग से भरा विवाह का समारोह चल रहा है। उसमें क्या-क्या चीजें चाहिएं, इसकी तफसील इस एक ही गीत में मिल जाती है।

सर्वप्रथम, कुम्हार के बेटे को न्यौता देकर बुलाया गया है कि वह पवित्र कळश लेकर आ जाए। फिर वस्त्र-व्यवसायी यानी बजाजी को कि वह 'पडळा' (वधू के लिए पोशाक) लेकर आए। फिर सुनार को बुलाया गया कि वह बहू के लिए आभूषण लेकर आए। इसके साथ खेरादी (चूड़ा बनाने वाला) को आमंत्रित किया गया कि वह चूड़ा लाए, कन्दोई को बुलवाया कि वह मेवा-मिष्टान्न बनाकर लाए और अंत में तमोळी (तांबूल विक्रेता) को बुलाया जाता है कि लाड़ी के लिए अच्छा पान का बीड़ा लेकर आए।

इस एक ही गीत में, अज्ञात कवयित्रियों ने समाज के कई कर्मकारों को एक साथ गूंथकर विवाह का मंगल-विधान संपन्न करना चाहा है।

अब कुछ व्यवस्थित और वर्गीकृत रूप में, राजस्थानी समाज-व्यवस्था को, इन गीतों के बहाने समझने का प्रयास करें तो यह समीचीन होगा। यहां कर्मानुसार निम्नलिखित वर्ग, कर्मकारों-श्रमिकों के रहे हैं, जिनका गीतों की सन्दर्भित पंक्तियों के साथ हम नामोल्लेख करना चाहेंगे-

1. सिलावट
2. रंगरेज़
3. कुम्हार
4. बजाज
5. सुनार
6. खेरादी
7. सुथार
8. माळी
9. तमोळी
10. हलवाई
11. मोची
12. पंडित

इनमें से सबसे पहले विश्वकर्मा के वंशज भवन-निर्माणकर्ता, जिसे राजस्थान में सिलावट कहा जाता है, का विवरण दिया जाता है-

1. सिलावट

उदियापुर में एक अनोखी रीत
नो खंड्या माळ्या बापर्या जी म्हांका राज।
मेहलां पौढ़े दसरथजी का लाल
मेहलां पे सूरज ऊगियो जी म्हांका राज॥
बदजो रे सलावट थारी बेल
नो खंड्या माळया थैं चुण्या जी म्हांका राज॥

इस गीतांश का भाव यह है कि उदयपुर के राजमहलों के नौखंडी-निर्माण की अनोखी रीत से सिलावट (राजगीर) ने हमारे यहां भी वैसे ही महल चुने हैं, जिसमें राजा दशरथ जी के पुत्र-समान युवराज सो रहे हैं और इन महलों पर सूरज की सुनहरी धूप पड़ रही है। यहां सिलावट केन्द्र में है, उसके द्वारा निर्माणकार्य की अभिव्यक्ति सबल है।

2. रंगरेज़

कपड़ों को रंगने का काम रंगरेज़ करते रहे हैं। इनकी संख्या और कार्य अब बहुत कम रह गया है तथा कहीं-कहीं देखते में आता है। राजस्थान में आकोला, सांगानेर और बगरू आदि कस्बों में अब भी रंगरेज मिल जाएंगे। रंगने के साथ कपड़ों-खासकर चूनड़, पीळिया, ओढ़नियों पर बंधेज बांधकर डिज़ाइनदार रंग चढ़ाने के काम में रंगरेज माहिर रहे हैं। इसका हवाला, लोकगीतों में-

उदियापुर में एक अनोखी रीत,
पंचरंग्या पीळा बापर्या जी म्हांका राज।
नौरंगी चूनड़ बापरी जी म्हांका राज।।
पीळा ओढ़ै रामचन्दर सा री नार
चूनड़ ओढ़ै कृष्णाचन्दर सा री नार
चून्दड़ पै चांद पवासियो जी म्हांका राज।।

X X X

पीळ्यो जयहिन्दको लेता आजो सा
पीळ्यो जयहिन्द को।
अल्ला-पल्ला पै जयहिन्द जयहिन्द
बिच में तिरंगो झंडो सा
घूंघट पर भारत माता सा
बाई सा रा बीरा लेता आजो सा
पीळ्यो जयहिन्द को।।

X X X

अल्ला-पल्ला पै दादर मोर रंग दे
घूंघट पर बाईसा रो बीरो रे
नीलगर औयूँ रंग दे।
म्हारा सासू जी के दाय कोनी आयो रे
नीलगर और रंग दे।।

इन तीन गीतों के चयनित अंश का भाव यह है कि उदयपुर की चाल पर वहां की देखादेखी यहां भी पीळे ओढ़ने का रिवाज़ चल पड़ा है। पंचरंगी पीळा और नोरंग वाली चूनड़ क्रमशः रामचंद्रजी और कृष्णचंद्र जी की रानियां ओढ़ती हैं और ऐसी सुन्दर चूनड़ पर फिर चांद की रोशनी और पड़ने से उसकी शोभा अधिक बढ़ गई है।

दूसरे, हिस्से में लोकगीतों पर आज़ादी के आन्दोलन का प्रभाव स्पष्ट है कि ऐसी पीळी ओढ़नी लेकर आना जयपुर से, जिस पर जयहिन्द छपा हुआ हो और घूंघट पर भारत माता का चित्र बना हुआ हो।

तीसरे अंश में पल्ला–किनारी पर तो मोर–तोता आदि के चित्र हों और घूंघट पर मेरे पति का चित्र बना हो, ऐसी ओढ़नी रंग देना नहीं तो मेरी सासूजी को पसन्द नहीं आएगी।

3. कुम्हार

कुम्हार को प्रजापिता ब्रह्मा के समक्ष उपाधि देते हुए प्रजापति भी कहा जाता है। ब्रह्मा ने सृष्टि रचाई जो मिट्टी की है और कुम्हार भी अपने चाक पर मिट्टी के पात्रों की सृष्टि रचता है। भांड, बेवड़ा, कलश, दीपक और अनेक बर्तन मिट्टी के बनाना इनका आदिम पेशा है। एक गीत नमूने का–

माऊजी का मंदर पाछै बसै जी कम्हार्यो
कळस्या मुलावे जरणी आज की घड़ी
य जरणी तुरत घड़ी
माता सीतळा बोदरी की महिमा घणी।।

अर्थात् माताजी के मंदिर के पीछे ही कुम्हार बसता है, जहां माँ शीतला देवी की पूजा हेतु कळश खरीदा जा रहा है। देवी की महिमा का क्या कहना।

4. बजाज

कर्मकारों से इनका स्तर थोड़ा ऊँचा और वैश्य–व्यापारी वर्ग से है। इनका व्यवसाय कपड़े का रहा है। जैसे–

चालो बन्यायक आपां बजाजी रे चालां
आछा आछा पड़ला मुलावां विनायक
कोटा की गादी पर नौबत बाजे
नौबत बाजै इन्द्रगढ़ गाजै।।

विवाह के शुभारंभ में गणेशजी को साथ चलने की भावना के साथ यहां दुल्हन

के लिए सुन्दर वेश-भूषा बजाजी की दूकान पर जाकर खरीदने की बात कही गई है। इसी के साथ कोटा राज्य के महलों पर नगाड़े बज रहे हैं और इन्द्रगढ़ भी गूँज रहा है।

एक और उदाहरण 'बजाज' का-
बाई कहो तो बजाजी मूंगो करूं
बाई चूंदड़ मुलावूं दोय'र चार
चूड़े ओ चत लागियो।।

भाई, अपनी बहन से कह रहा है कि तेरे लिए बजाजी की हाट पर चलकर दो-चार चूनड़ दिलवा देता हूँ और बहन का मन चूड़ा खरीदने पर जा रहा है।

5. सुनार

यह सबसे महंगा कारीगर है जो सौभाग्यवती स्त्रियों और शौकीन पुरुषों के लिए सोने-चांदी के गहने घड़ने का काम करता है। गहने, राजस्थानी नारियों का मुख्य आकर्षण है। काव्य में अलंकार और नारी का आभूषण शृंगार आवश्यक माने गए हैं। 'सुनार' विषयक गीत-

म्हारे ओ बीरा सोनीड़ा रो बेटो नूंतियो
म्हारे ओ बीरा गैहणां ले आय
रंगभर्यो मांडो छारियो।।

X X X

बाई कहो तो सोनी को मूंगो करूं
बाई केहो तो मुलावूं चंदर हार।।

यहां बीरा यानी भाई से, सुनार के यहां से गहने बनवाकर लाने की आकांक्षा प्रकट की गई है।

6. खेरादी

खेरादी वह जाति है जो लाख के चूड़े बनाने का काम करती है। इन्हें 'लखारा' भी कहा जाता है। लाख का चूड़ा, सोने के कंगन से भी ज़्यादा सौभाग्य सूचक माना जाता है। बिना लाख के चूड़ा पहने, सोने की चूड़ियों के बावजूद स्त्री को सौभाग्यवती नहीं माना जाता। ऐसा ही महत्त्व हाथीदांत के चूड़े का भी था, जो केवल राजा-महाराजा के महलों

तक सीमित रहा। चूड़ा–चूनड़ राजस्थानी नारी के प्राण–समान प्रिय हैं। विवाहोपरांत चूड़ा पहनाने की एक खास रस्म है। कुछ गीत के अंश–

उदियापुर में एक अनोखी रीति
दाँती का चुड़ला बापर्या जी म्हांका राज
जड़ाऊ चूड़ा बापर्या जी म्हांका राज।
चुड़ला पैरे रामचंदर सा री नार
चुड़ला पर सूरज ऊगियो जी म्हांका राज।
बदजो रे खेरादी थारी बेल
जड़ाऊ चूड़ा थैं जड़्या जी म्हाकां राज॥

इसमें हाथी दांत के चूड़े और लाख से बने हीरा जड़ित चूड़ा पहनने की चर्चा है और कल्पना की गई है कि ऐसे हीरा जड़े चूड़े पर सूरज की रोशनी पड़ रही है तो वह और भी सतरंगी शोभा वाला हो गया है। हे खेरादी! तेरा वंश खूब बढ़े जो तेरे जैसा चूड़ा बनाये।

7. सुथार

इन्हें खाती भी कहा जाता है। आज की भाषा में 'कारपेण्टर', जिसका कार्य लकड़ी के उपकरण, झूला, पालणा, पलंग, किंवाड़, गोखड़े, बैलगाड़ी, पेटी आदि बनाना रहा है। यह जाति आज भी कार्यशील है। लोकगीत में, बच्चे के लिए 'पालणा' बनाने का अनुरोध खाती या सुथार से इस रूप में किया जा रहा है–

थूं तो जाजे रे खाती डूंगरां
थूं तो लाजे हरिया बांस रे

सूरज मल हीन्दे पालणे

X X X

जाजे रे खाती डूंगरा थूँ लाजे हरिया बांस
काट घड़ाजै पालणो मारूणीं पूरा मास॥

8. माली

माली यानी बागवान। फूलों के हार, गजरे, सेवरे बनाने के साथ, साग–भाजी बेचना इनका व्यवसाय रहा है। सन्दर्भ–सूचक गीतों के दो अंश देखिये–

बना बाग मरोड़ घोड़ी चढ्या
वे तो गिया रा माळीड़ा री हाट
म्हारा कंवर राईबर को सेवरो।

X X X

कठै थारो गाँव मालणी, कठे थारी बाड़ी
कुणी जी रा कँवर परणै सेवरा की त्यारी।।
गूंथ ला ए सेवरो दाँती का चुड़ला वाळी।
गूंथ ला ए मालण सेवरो नोरंगी चूनड़ वाळी।।

यहां दूल्हा घोड़ी पर सवार हो गया है और सीधा माली की दुकान पर जाकर सेवरा तैयार करने को कहता है। दूसरे अंश में, मालिन और उसकी फूलबाड़ी की खोज की जा रही है और उसे सेवरा गूंथकर लाने की माँग की जा रही है।

9. तमोळी

ताम्बूल का सेवन यानी पान का बीड़ा खाना, भारतीय संभ्रात परिवारों का प्राचीनकाल से शौक रहा है, जो मुगलकाल में भी परवान चढ़ा। तांबूलपत्र तैयार करने वाली जाति ही तमोळी कहलाई। यहां के लोकगीतों में 'पान का बिड़ला' बीन्दराजा के लिए आवश्यक बताया गया है। कळश लेने जाते समय और गणपति की वन्दना में भी पान के बीड़े का सुन्दर जिक्र आता है–

तमोळी हाट्यां रा बिड़ला लाजो
चोथ बनड़ी सामां
कोई सामां ओ राज सामां
म्हारी घणी मजेजण सामां।।

X X X

चालो बिन्यायक आपां तमोळी रे चालां
तो आछा आछा बिड़ला मुलावां बन्यायक।।

10. हलवाई

कन्दोई और हलवाई पर्यायवाची शब्द हैं। कहने की आवश्यकता नहीं कि इस वर्ग का कार्य मावा–मिष्टान्न तैयार कर बेचना है। हलवाई के बिना किसी भी शादी या

उत्सव की कल्पना नहीं की जा सकती। गणेशजी के स्मरण से ही हलवाई का नाम आता है, क्यूंकि वे स्वयं मोदक-प्रेमी हैं। देखिए-

चालो बिन्यायक आपां कन्दोई के चालां
तो आछा आछा मेवा मुलावां ओ बिन्यायक
कोटा की गादी पे नौबत बाजै।

X X X

म्हारे ओ बीरा कन्दोई को बेटो नूंतियो
म्हारे ओ बीरा मेवा ले आय,
रंग भरियो माण्डो छारियो।।

X X X

बना बाग मरोड़ घोड़ी चढ्या
वे तो गिया रा कन्दोई की हाट,
वा तो सूती कन्दोई की ओझकी
म्हारा मेहलां में कुंण सिरदार?
म्हारा कँवर राइबर को सेवरो।।
ये तो म्हैं छाँ जी कँवर केसर्या
म्हांका मेवा की साई पण झेलो
म्हारा कँवर राइबर को सेवरो।।

प्राथमिक गीतांश में गणेशजी को हलवाई के यहां चलने का आग्रह, दूसरे में हलवाई को घर पर बुलाकर मेवा-मिठाई तैयार करने तथा अंतिम अंश में खुद बीन्द राजा ही घोड़ी पर बैठकर हलवाई के घर पहुँचता है तो सोई हुई उसकी पत्नी चौंककर पूछती है- कौन आए हैं? इस पर बना कहता है कि ये हम केसरिया सरदार हैं, हमारे विवाह में मिठाई बनाने की साईपत्री (अग्रिम राशि) देने आया हूं, जिसे स्वीकार करो।

11. मोची

आपादमस्तक श्रृंगार में मोची को कैसे भूला जा सकता है। जूते-जूतियां जीवन की जरूरी चीज़ है और शादी में तो वह और भी शानदार होनी चाहिए। कमखाब की जड़ाऊ मखमली जूतियां दूल्हा-दुल्हन दोनों के लिए बनवाई जाती हैं। इसका भी हवाला गीत में दर्शनीय है-

चालो बिन्यायक आपां मोचीड़ा रे चालां
तो आछी आछी पनियां मुलावां बिन्यायक
कोटा की गादी पर नौबत बाजे।।

X X X

पनिया थैं लाजो रा बना सा
मोचीड़ा री हाट की
लाड़ली के पाँव पेहराय
लाडलो उगमायो ए
बनी जी थारा देस में।।

पहले गीत में गणेशजी को मोची के यहां तक भी चलकर अच्छी-अच्छी पन्हियाँ दिलाने का आग्रह है और दूसरे में बारात लेकर जा रहा बीन्दराजा बड़े उत्साह में उमंग के साथ अपनी बीनणी के लिए सुन्दर जूतियां पडळे के साथ लेकर जा रहा है। पाग से लेकर पगरखी तक का श्रृंगारिक वर्णन इन गीतों का प्रतिपाद्य है।

12. पंडित

पंडित के बिना मुहूर्त, विवाह या कोई भी शुभ-कर्म नहीं हो सकता। जोशी जी से प्रियतम कृष्ण के आने की शुभ घड़ी का मुहूर्त मीरा बाई भी अपने भजनों में पूछती है-

"म्हारा जूना जोशी, श्याम मिलण कद होसी।।"

यज्ञ, हवन, पूजा, मंदिर, जनेऊ, डोलडा, लगन, फेरे, भविष्यवाणी, आदि सभी कार्य ब्राह्मण, जोशी जी या पंडित जी से जुड़े हुए हैं। एक गीतांश इस बात का-

चालो बिन्यायक आपां जोशीड़ा रे चालां
तो आछा आछा लगन लिखावां बन्यायक
कोटा की गादी पे नौबत बाजै।।

सारांश यह कि बड़े सौहार्दपूर्ण तरीके से सदियों से राजस्थान में, सभी कार्मिक वर्गों के आपसी सहयोग-सामंजस्य के साथ दैनिक और विशेष अवसरों के शुभ कार्य संपन्न होते आए हैं, जिनकी साक्ष्य इन लोकगीतों में सर्वत्र मौजूद है।

❍

अध्यायः 8

राजस्थानी गीतों का सांस्कृतिक सौन्दर्य

संस्कृति का निर्माता लोक है। इस 'लोक' में नगरीय संस्कृति अन्तर्भुक्त है। वह भी लोक की 'परिष्कृत' उपज है। परिष्कृत का यहां तात्पर्य है- 'पॉलिश' की हुई, चमक-दमक वाली और ग्लैमरस। जैसे लहरें समुद्र की मानी जाती हैं, समुद्र लहरों का नहीं माना जाता। ठीक उसी तरह हमारी राय में शहरी संस्कृति, लोक-संस्कृति का ही अंग है, उसकी लहरें हैं- ऊँची, दोलायमान और गर्जना करने वाली।

'संस्कृति' शब्द और अवधारणा की व्याख्या अब तक अनेक भाषाओं में अनेक ग्रन्थों में अनेक बार की जा चुकी है। विश्व के तमाम देशों और अंचलों की संस्कृतियां, सभ्यता के व्यापक इतिहास के बीच जन्मी और पनपी हैं। संस्कृति एक सतत चलने वाली चिरन्तन प्रक्रिया है, जिसके परिवर्तन की गति काफी मंथर होती है। यह मानव समाज की मानसिक, चारित्रिक और वैचारिक उन्नति की अनवरत प्रगति है। इस प्रगति में भाषा, साहित्य, दर्शन, कलाएं, धर्म, शिक्षा आदि तमाम पक्ष शामिल हैं। क्रमशः इन सबकी एक साथ उन्नति 'संस्कृति' कहलाती है।

सौ बातों की एक बात कि विश्व-संस्कृति लोक-प्रधान है, नगर-प्रधान नहीं। हमें, दो हज़ार वर्ष पूर्व के पाटलिपुत्र नगर में विद्यमान आचार्य चाणक्य के विख्यात ग्रन्थ 'कौटिल्य अर्थशास्त्र' की यह उक्ति कभी नहीं भूलनी चाहिए, जो नगर-वासियों को एक चेतावनी के समान है-

सर्वज्ञता लोकज्ञता इति।
सर्वज्ञोऽपि अलोकज्ञः मूर्खतुल्यः॥

इसका सीधा-सा अर्थ यह है कि सर्वज्ञता का मतलब लोक-मानस का ज्ञाता होना भी है। जो खुद को 'सर्वज्ञ' मानता है और लोक-चित्त को नहीं जानता, वह सरासर मूर्ख है। इससे अधिक क्या कहा जाये?

यहां एक और बात पर प्रकाश डालते हैं कि भारतीय संस्कृति की एक विशेषता

है, उसकी समन्वय-भावना। भारत अनेक धर्मों, भाषाओं और देवी-देवताओं का उपासक रहा है। यहां अनेक धर्म, दर्शन, संप्रदाय, पूजा-पद्धतियां साथ-साथ प्रचलित रही हैं और ये सब लोक-जीवन के व्यापक फलक पर संभव हुआ है। यह लोक-संस्कृति का ही दबाव है कि विवाह, मृत्यु, जन्म, मेले, उत्सव, अनुष्ठान आदि के माध्यम से घर-परिवार, सामाजिक सहकार-भावना और अपनत्व भरा मानवीय स्नेह और उसका अहसास अभी तक बचा हुआ है। इसकी झलक और छटा इन राजस्थानी लोकगीतों में देखी जा सकती है।

लोक-जीवन का रसमय, सादगी में गरिमामय सांस्कृतिक-सौन्दर्य इन लोकगीतों में छलका पड़ रहा है। परिवार में स्नेह-प्रेम का सघन रूप, एक-दूसरे के प्रति त्याग और सम्मान का भाव, जीवन की उमंग, वस्त्र-आभूषण, नृत्यादि के प्रति उत्कट आकर्षण, कर्मठता और राग-द्वेष के बीच भी परिवार की अखंडित एकता, राजस्थान की लोक-संस्कृति की परिचायक है। इसका कैनवास, यों तो बहुत बड़ा और विस्तृत है। अतः हमारा लक्ष्य, यहां केवल गीतों में आए सन्दर्भों, विवरणों और संकेतों के आधार पर, राजस्थान की लोक-संस्कृति की विविध झलकियां प्रस्तुत करना है।

शुरुआत यहां के रीति-रिवाज़ और परंपरा से करते हैं।

रीति-रिवाज़ और परंपरा

रीति का शब्दार्थ है- प्रणाली, पद्धति, मार्ग, पन्थ, शैली आदि। रीति-रिवाज़ क्षेत्र और अंचल के अनुसार अलग-अलग हो सकते हैं। राजस्थानी समाज में यह परंपरा बन गई है कि शादी-ब्याह में प्रातः 'परभातियां' गायी जाती हैं। उसके बाद दूल्हा-दुल्हन के पीठी करते हैं, गीत गाते हैं। तत्पश्चात् 'घीमरी' पिलाई जाती है। बड़ा बिनायक (डोरड़ा) के गीत गाते हैं-

गढ़ रणत भँवर से आवो बन्यायक,
करो वो अणचीती बरदड़ी॥

उससे पूर्व छोटे गणेशजी (राखी) बांधने के रोज का गीत भिन्न है-

चालो बिन्यायक आपी जोसीड़ा रे चालां।
आछा आछा लगन लिखावां ओ बन्यायक॥

इसके बाद घर के कुल देवता-देवी के गीत गाए जाते हैं, फिर घोड़ी-सेवरो, बना-बनी, और लड़की की शादी हो तो सुहाग-कांमण भी। तदनन्तर मायरे के गीत यानी 'बीरा' के गीत। डोरड़ा के दिन बीरा-विशेष के रूप में-

कोयल आज ए म्हारा
जळहर जामी आवसी जी।

गाया जाता है। फिर भाई के 'बत्तीसी' झिलाने जाते हैं तो बत्तीसी और बीरा के अलग गीत गाए जाते हैं। जब भाई मायरा लेकर गाँव में आता है तो उन्हें मंदिर या बगीचे से अगवानी रूप स्वागत करके लाते हैं- तब के गीत की ये पंक्तियाँ हैं:

बागाँ में बाज्या जंगी ढोल
चौहट बाजी सरणोई जी।
आया म्हारा जामण जाया बीर
चून्दड़ लाया रेसमी जी।।
मायरा पहनने के बाद का गीत इस तरह से गाया जाता है-
बीरा थाँका आया ए म्हारी चन्द्रगौरजां
कळश बन्धावो ये। बीरा थांका आया ए।।
हिलो ये मिलो सब दौर जठ्याण्यां
हिल-मिल मंगल गावो ए।
सवामण मिसरी घोळ बीरा सा ने
सरबत पावो ये। बीरा थांका आया ए।।

इसी तरह जब ब्याह के लिए कळश लेने जाती हैं तो अलग प्रकार का गीत और लेकर लौटती हैं तो दूसरी तरह का गीत गाया जाता है। इनके बीच कुम्हार के घर पहुँचकर उसके 'चाक' के पूजन का गीत यह है-

म्हूं थांने पूछूं परजापत
कळस कदीं घड़्या जी।
सूरज बावजी राणादेई परण्यां तो
कळस जदीं घड़्या जी।।
दसरथ जी का रामचंदर जी परण्या तो
कळस जदीं घड़्या जी।।
कळस्यो यो लाल गुलाल
बिजोरा हीरा जड़्यो जी।।

कळश लाने के पश्चात् रात्रि में 'रतिजगा' का आयोजन होता है, उसमें कई गीत गाए जाते हैं। सबसे पहले 'दिवळा' गीत, फिर देवी-देवताओं के। फिर 'जाजम' गाई जाती है। दूसरे रोज बीन्द के तेल-पाण चढ़ाते हैं- जिसका गूढ़ार्थ ये कि 'तैल-मालिश'

के द्वारा उसे स्वस्थ, दृढ़ अंगों वाला और कांतिवान बनाना। फिर 'निकासी' होती है। इन सब रस्मों के गीत भी भिन्न-भिन्न।

बहू के गृह-प्रवेश और स्वागत का गीत यह गाया जाता है-

लाडी यो घर यो बर माँग ए
म्हारी बवड़ हेलो पाड़ ए।।
थूं तो दसरथ जी सुसरा सा माँग ए।
थूं तो कौसल्या जी सासू जी माँग ए।।

बेटे का विवाह हो चुकने पर खुशी का सूचक 'बधावा' नामक गीत गाती हैं और 'बधाइयां' बांटी जाती हैं।

घर में बेटे का जन्म हुआ हो तो उस गीत का मुखड़ा यह है-

डूंगर चढ़ती बेलड़ी ओ राजा
नायण मोड़ेली डाळ।।

इसके बाद सूंठ, अजमो, पीपळ, जच्चा, पालणो, पीळो- शीर्षक गीत गाए जाते हैं, फिर जळवा-पूजन जिनसे घर का परिवेश ऐसा राग-रस से पूर्ण आनंदमय हो जाता है कि उसका अनुभव ही किया जा सकता है, वर्णन नहीं।

वरिष्ठ और अनुभवी महिलाएं आगे होकर इन सब रीति-रिवाज़ों को संपन्न करवाती हैं। बहू-बेटी को आणा-गुणां पर भेजते समय क्या-क्या करना है, यह भी गीतों में बंधा हुआ है।

राजस्थान के त्यौहार

यहां तो हर तिथि पर एक-न-एक त्यौहार या पर्व हो जाता है। यथा, एकम को अन्नकूट, बीज को भैया-दूज और जँवरा-बीज, तीज को काजली तीज-गणगौर-आखातीज। चौथ में करवाचौथ-गणेश चौथ, पंचम को नागपंचमी, रंगपंचमी, छठ में ऊब छठ और भादूड़ी छठ, सप्तमी की सीळा सातां, आठम को दुर्गाष्टमी और ओंकार्या की आठां व जन्माष्टमी, नवमी को गोगानौमी-रामनौमी, दशम को दशहरा-तेजा दसमी, दसां माता, ग्यारस को देवशयनी एकादशी-झूला एकादशी, देव उठनी ग्यारस, बारस को बच्छ बारस, तेरस को धनतेरस और रंगतेरस, चौदस को रूप चौदस, अनन्त चतुर्दशी और पूर्णिमा को होली, रक्षाबन्धन तथा अमावस्या को दीपावली और हरियाली अमावस।

इस प्रकार, राजस्थान में तीस से अधिक त्यौहार वर्षभर में मनाए जाते हैं। हर त्यौहार

के गीत अलग, मिठाई-व्यंजन भी अलग, रीति-रिवाज़ अलग। जैसे दीवाळी पर मरका और गणेश चौथ पर चूरमा-बाटी तथा सीळा सातां पर ओल्या-लापसी। संक्रान्ति पर गेहूं का खीच, गणगौर पर शक्करपारा-घेवर, तो काजळी तीज पर तीन-चार भाँति के सत्तू।

यह लेखन गीतों पर केन्द्रित है तो पहले 'होली' पर गेय गीत का ये अंश-

फागण आयो छैल भँवर सूं खेलो होळी।
फागण आयो॥
अबरके आलीजा म्हांने रखड़ी घड़ा दो
और घड़ा दो म्हांने बाजू बन्दड़ी॥
फागण आयो॥

होळी और गणगौर का शामिलाती गीत इस तरह का है-

म्हैं तो बुलाया होळ्यां पांवणा जी सायबा
आया आया गणगौर्यां री सांझ।
गणगोर्यां प्यारा पांवणा जी सायबा॥
होळ्यां ने लाजो दूध्या खोपरा जी सायब
गणगोर्यां ने लाजो घेवर चार
गणगोर्यां ने लाजो मींजी-पाक॥
मैं तो जाण्यां छै बाळक डावड़ा जी सायबा
निकळ्या जोड़ी का सिरदार॥

अर्थात् साजन को होली पर बुलाया था जो गणगौर पर आए हैं। होली पर पाणीचा नारियल, और गणगौर पर आप घेवर तथा मींजीपाक लाना। मैं तो आपको अनाड़ी बालक-जंवाई समझ रही थी, परन्तु आप तो मेरी जोड़ी के परिपक्व सरदार साबित हुए हैं।

होली और गणगौर के बीच 16-17 दिन का अंतर होता है। होली के दूसरे दिन से ही कन्या और सुहागिनें गणगौर-पूजन करने लग जाती हैं और बगीचे से सेवरा लेकर आती हैं, जिसका गीत इस प्रकार है-

या रत खेलो ने गणगौर
खेलण व्है तो खेललो सा
पछै आवै आखा तीज
धण का सायबा जी, या रत खेलो गणगौर॥

'तीज' का त्यौहार राजस्थान में खास महत्त्व रखता है। छोटी तीज का जयपुर में और बड़ी तीज का उदयपुर मेवाड़ में विशेष महत्त्व है। मेवाड़-उदयपुर, चित्तौड़, भीलवाड़ा, राजसमंद जिलों में बड़ी तीज से एक रोज पहले चूरमा-बाटी बनती है, मेहंदी लगाती हैं, उपवास रखती हैं। उससे पहले सिंजारो-दांतणहेलो होता है। अब तो इसका निर्वाह कम है, पर 30 बरस पहले तक गाँवों में औरतें सुबह चार बजे उठकर एक दूसरे को जगाती थीं, कुँए-तालाब पर जाकर हाथ मुंह धोकर, 'अधरत्या' करती थीं- जिसमें वही चूरमा-सत्तू के लाडू, दही के साथ खाकर, दिनभर व्रत रखती थीं। पानी तक नहीं पीती थीं। रात को चांद देखकर तीज की नीमड़ी की पूजा करके सत्तू के साथ कच्चा दूध पीती थीं। एक गीत इस अवसर का-

आज सहर में दांतणहेलो
तीज सुण्यां घर आवो रा।
थांकी तो ओळ्यूड़ी मैं करां जी सायबा।
थांकी करै थांकी मांय जी
राजन बसै रे परदेस रा
एक टका की थांकी नौकरी
लाख टकां की थांकी नार॥

अर्थ यह है कि हमें आपकी याद आती है और आपकी माँ को आती है। राजन परदेस में एक टके की नौकरी करते हैं और यहां लाख टके की यह नारी दुःख पाती है।

छोटी तीज के वर्णन का एक गीत है-

पैल सावण लौड़ी तीज
गौरी तो रमबा नीसरी जी म्हांका राज
सायब जी तेड़ो मोकळ्यो जी म्हांका राज॥
घरां में पधारो सुगणी नार
खिलाळू धण रा सायबा जी म्हांका राज।
चौपड़ बिछावै राज रा बीर॥

भाव यह है कि सावण की पहली तीज है और गौरी तीज मनाने निकल पड़ी क्यूंकि पति ने बुलावा भेजा है। वे कहते हैं घर के अंदर चलो। मेरे पति क्रीड़ा प्रेमी हैं, उनके भाई ने चोपड़ बिछा दी है।

आभूषण और शृंगार

राजस्थान की स्त्रियों का सबसे प्रिय-पक्ष है गहने और सिणगार करना। गहनों में, शरीर के अंगों के अनुसार- सिर पर बोर-शीशफूल-रखड़ी-टीका। गले व छाती के लिए तुस्सी, बजंठी, हालरो, हांसली, तमण्यो, चंद्रहार, कंठमाला, हांकळ, चंपकली, सरी, कंठी, झालरो आदि। कमर पर कन्दौरा, करंगती तथा ऐसे ही हाथों के भुजबंद, बाजूबंद, टड्डा, अणंत, कड़े, चूड़ा, बींठी और पाँवों में पायळ, टणका, नेवर आदि।

गहनों से संबंधित गीत की पंक्तियां इस तरह हैं-

माथा ने मेमंद लावजो ओ बीरा।

X X X

बीरा सा म्हारे माथा रे परवाणे
रखड़ी घड़ाजो सा।

X X X

म्हारो टीको ले लो, जावो भाणेजां रे ब्याव।
म्हारी रखड़ी ले लो, जावो भाणेजां रे ब्याव।।

स्वयं महिलाओं को तो गहने प्रिय हैं ही। पर देवी को भी इन्हीं 'गहनों' से सजाना चाहती हैं-

माथा ने मैमंद लावजे ए जरणी
रखड़ी रतन जड़ाय।
ऐ माता जुठणा झोळ दवाय।।

रखड़ी और बोर में फर्क होता है। बोर गाँव की औरतें और रखड़ी सेठानियां, रानियाँ पहनती हैं। गाँव की स्त्री के गहनों संबन्धी गीत हैं-

पगां में पेजारा फेरे, हाथां में हथफूल जी
माथा पे गुंथावे वा तो गोल गोल एक बोर जी।

कान के गहनों में झूमर, जुठणा, टोप्स, झेला, बाळी इत्यादि। देवी के एक गीत में यह वर्णन-

हां ये चावण्डा कानां ने झाल घड़ाय।
जुठणा तो ए तोळा तीस का॥

X X X

बीरा कानां ने झालर लाजे।
म्हारे जुठणा जोडू घड़ाजै॥

गले के गहनों चौन, हार, थमण्यो, हांसली आदि का बहुतायत से वर्णन लोकगीतों में हैं-

हिवड़ा ने हाँस घड़ावो म्हारा मारूसा
थमण्यां पाट पिराओ सा।
झमरक चुड़ला वाळी थांने रसिया मेहल बुलावे सा॥

हाथ के गहनों में गजरा, चुड़ला, भुजबन्द ओर बाजूबन्द तथा पांवों में बिछिया, पायल और घूघरा। इनका एक साथ वर्णन का गीत-

बाँया ने चुड़लो चिराजे ये जरणी
गजरा लूम लगाय।
पगल्यां ने पायळ लावजे ए जरणी
घुंघरा पाट घड़ाय।
बिछिया फेर घड़ावजे ये म्हारी मांय॥

गहनों के बाद अब श्रृंगार करने की चर्चा भी उचित और अवसरोचित लगती है। कैसे उबटन तैयार होगा, केशों को कैसे सँवारा जाएगा, कैसे मेहन्दी रचाई जाएगी और कैसे काजल-टीकी लगाई जाएगी- इन सब बातों का वर्णन इन गीतों में मौजूद है।

इस सिलसिले में 'पीठी' तैयार करने-लगाने संबन्धी एक गीत यों है-

सुण सुण रे उदियापुर का रे तेली
थारी घाणीं केसर कसतूरी।
उर राळूं जायफळ अर जावतड़ी
यो तैल लाडलड़ी रे अंग चढ़सी
यो तैल गोत बड़ी रे अंग चढ़सी॥

राजस्थान भले ही अभावग्रस्त प्रदेश रहा हो, पर सामान्य पीठी में भी कल्पना के

सौन्दर्य से केसर-कस्तूरी, जायफल-जावित्री मिलाकर तेल निकाला जा रहा है, जो लाडली के शरीर पर मला जायेगा।

बाल सँवारने का एक प्यारा-सा गीत भी यहां उद्धृत करने योग्य है-

बाटकड़ा में तैल-फुलेल
मरवारी कांगसी।
म्हारी लाडली रा गज गज केस
कुंण सुळझावसी॥
वांकी काक्यां चतर सुजाण
वे सुळझावसी॥

कटोरे में सुगन्धित तेल भरा है, कंगी भी सुरभित मरवे के फूलों से सुवासित है। हमारी लाडली बनी के गज-गज भर के लंबे केस हैं, इन्हें कौन सुलझाएगी? जवाब है, कि लाडली की काकी, मामी, भुवा- ये सब चतुर-होशियार शृंगार-निपुण हैं, वे सुलझा देंगी।

इसी तरह, एक गीत स्नान करके सजने-संवरने का इस तरह से है-

बनी न्हांय धोय बैठी बाजोठ
कंई अरमण धरमणां।
कै माँगो नौसर हार
कै दांती चूड़लो।
म्हैं तो नै माँगा नौसर हार
नहीं दांती चूड़लो।
म्हैं तो माँगां दसरथजी रा लाल
वे म्हांके चत चढ्या॥

X X X

बना न्हाय-धोय बैठा बाजोठ
कंई अरमण धरमणां।
बना कै माँगो सरपाव
कांई सिर को सेवरो॥
म्हैं तो नंह माँगां सरपाव
नाहिं सिर को सेवरो
म्हैं तो माँगां जनक राजा री धीय
वा म्हांके चित चढ़ी॥

ऊपर वाले गीत में बनी और नीचे वाले गीत में बना के शृंगार के साथ, अपनी पसन्दीदा मंगेतर और वर को पाने की इच्छा व्यक्त की गई है। गहनों से और शृंगार से बढ़कर अपने होने वाले वर/वधू को तरजीह दी गई है।

इसी तरह, देवी माँ के शृंगार-वर्णन संबन्धी गीत भी उतना ही सुन्दर है-

बाली-सी बैस माता
कड़ूयां रुळंता केस।
ललवट टीकी चेंठ माता
कोयां काजळ की रेख॥
हाथां मेहन्दी की रेख
पांवां में कड़ूयां रमझोल॥

माँ-देवी की बाली उमर है, पायल तक केश झूलते हैं, ललाट पर बिन्दी, आँख की कोर में काजल, हाथों में मेहन्दी और पाँवों में रुणझुण करती कड़ियाँ- आपके शृंगार का क्या कहना?

सोलह संस्कार

'संस्कार' शब्द का अर्थ है- शुद्ध करना, पूर्ण बनाना, सुधार कर अच्छा बनाना। मनुस्मृति में बारह और इतर कर्मकाण्ड में 16 संस्कार निर्धारित हैं। हम इनमें से कुछ खास संस्कारों का वर्णन करेंगे।

भारतवर्ष के सभी अंचलों या राज्यों में अपनी-अपनी भाषा में संस्कारों के गीत गाए जाते हैं। लोक जीवन में संस्कार गीत वाचिक परंपरा की आधारशिला हैं। बारहमासा, ऋतु, त्यौहारों के गीत, सुदीर्घ लोकगाथाएं, पहेलियां, कहावतें, मुहावरे और संस्कार-गीत स्त्रियों द्वारा गाए जाते हैं। संभवतः ये गीत स्त्रियों द्वारा ही रचे गए होंगे। इसलिए इनमें भाव और संवेदना की अभिव्यक्ति और संगीत-संयोजन असाधारण रूप से प्रभावशाली लगता है। जो हमारी सांस्कृतिक परंपरा की भावात्मक बुनियादी एकता का विलक्षण उदाहरण है।

सबसे पहले लें- नामकरण संस्कार। बच्चे के जन्म के 10 दिन बाद मुहूर्त के साथ सूर्य-पूजन होता है। जच्चारानी उसे गोद में लेकर प्रसव-कक्ष से बाहर आती है। इस रस्म को नाँवण कहते हैं- जिसमें 'नहाना' क्रिया छिपी है। तब नामकरण भी पंडित जी करते हैं। इसके कुछ गीत यहां प्रस्तुत है।

यह सूरज पूजने का पहला गीत है, जिसे 'बांदरवाळ' कहा जाता है-

डूंगर चढ़ती या बेलड़ी ओ राजा
नायण मोड़ेली डाळ।
फूलां जो भरियो यो छाबड़ो ओ राजा
थूंर मालण सद जाय?
रामचंदर सा रे घर में बधावणो ओ राजा
बाँधूंली बांदरवाळ।
पैली य बांधूंली पोळ्या में ओ राजा
दूजी या साळ पट साळ।
अगनी या बांधू रसोवड़ां ओ राजा
चौथी कुळदेवां रे बार।।
पाँचवी या जाचां रे ओवरे ओ राजा
जाया छै लाडण पूत।
खोल सवागण खोतळो वो राजा
थैंर सांचा दस मास।।
नीसरे जाचां राणी बारणे ओ राजा
सूरज पूजण आय।
कूंण साजनियां री कुळ बहू ओ राजा
कुंण साजनियां री धीय।
दसरथ जी साजनियां री कुळ बहू ओ राजा
जनक समधी री या धीय।
माया री बैण सवासणी ओ राजा
खांतीला रामचंदर सा री नार।
पायळ लगतां ये घूघरा ओ राजा
जड़ावै बाईसा रा बीर।।
चूड़ा जो लगती या चूनड़ी ओ राजा
ओढावै जामण जायो बीर।
नौगज धरती यो दळ चढ्यो ओ राजा
कळस चढ्यो परवार।
असड़ो बधावो यो नंत नंवो ओ राजा
औसर जनम्यां छै पूत।।

बच्चे के नाँवण पर गेय यह लंबा बधावा बहुत सारगर्भित है। इसमें बांदरवाल बांध ने आई 'नाईन' का हर्ष-मधुर संवाद है। कई बंदनवाल वह लाई है- पोळ (द्वार) के

लिए, शाला-पटशाला में, रसोई के लिए, कुलदेवता की, प्रसूता के कक्ष पर बांधने हेतु। इसके बाद जच्चा सूर्य-पूजन हेतु बाहर आई है जो महाराज दसरथ की कुलवधू जैसी और राजा जनक की पुत्री जैसी सुलक्षणा पुत्री है। पति और भाई उसके लिए आभूषण लेकर आए हैं।

नामकरण संस्कार (नांवण) के साथ ही गाए जाने वाले कई गीत और भी हैं- पालणो, टोपी, सूंठ, अजमो, पगल्या, सारसड़ी, पीपळ, जच्चा, पोमचो आदि, जिनके उद्धरण यहां स्थान-सीमा के संकोच से नहीं दिए जा रहे हैं।

अब है मुंडन या चूड़ा कर्म संस्कार। नामकरण के बाद, कुछ अंतराल देते हुए बच्चे के सिर के बाल कटवाए जाते हैं। यदि किसी कुलदेवी-देवता की मनौती हो तो 3 या 5 वर्ष के अंदर बाल काटे जाते हैं। अन्यथा, पहली दुर्गाष्टमी पर दादी, भुवा बच्चे को गोद में बिठाकर बाल कटवाती है। नाई को विशेष नेग दिया जाता है। परिवार-रिश्तेदारों को बुलाकर भोजन-जीमण रखा जाता है, गीत गाए जाते हैं। कहीं हवन-शांति भी कराई जाती है।

अन्नप्राशन संस्कार को मेवाड़ में 'बोटणा' (यानी चखना) भी कहते हैं। छ: माह का हो जाने पर बच्चे को पहली बार अन्न चखाया जाता है। बच्चे को भुवा गोद में बिठाकर खीर चटाती है।

इसी तरह, कर्ण-छेदन संस्कार भी कराया जाता है। बच्चा हो या बच्ची कान में छिद्र करके लूंग या सोने-चांदी की तार की कड़ी पहनाई जाती है। इसे यहां 'कान बिँधाना' कहा जाता है।

विद्यारंभ संस्कार, अक्षरज्ञान हेतु पहली बार गुरुजी के पास पाठशाला भेजने का है। शाला में भेजने से पूर्व माँ अपने बच्चे को अपने पास बैठा कर, उसका नन्हा हाथ अपने हाथ में थाम कर स्लेट या पाटी पर 'ऊँ' मंडवाती है। इस अवसर पर हवन करके सरस्वती की प्रार्थना की जाती है। वैसे भी पहली गुरु माँ है।

यज्ञोपवीत संस्कार या जनेऊ पर कई मंगलगीत गाए जाते हैं। कई जगह तो यह विवाह-तुल्य उत्सव माना जाता है।

जनेऊ में तीन धागे तीन ऋण के सूचक हैं। पितृऋण, देवऋण और ऋषि ऋण। इन ऋणों को चुकाने की याद जनेऊ पहनने से बनी रहती है। इस संबन्धित एक गीत-

दादासा नांनण बण बाईयो
दाद्यां वांकी कात्यो नानो सूत जी बना
पेहरो म्हारा कँवर कन्हैया जनेऊ।।

कासी भणबा जावो जी बना
कासी का बासी सदा अबिनासी
पंडित होय घर आवो जी बना॥

अर्थात्, बटुक के दादाजी ने नानण (कपास) का बाग लगाया और दादियों ने बारीक सूत कात कर जनेऊ बनाई है। कुमार इसे धारण करो और कासी पढ़ने जाओ। वहां से पंडित होकर घर लौटना।

जनेऊ पहनकर काशी अध्ययनार्थ जाना भारत की परंपरा रही है। एक और गीत बनारस (काशी) प्रस्थान का–

बालो चाल्यो ए बैण बनारस जी
वांका दादासा जाबा न देय।
कँवर बाला यांही पढ़ो जी॥
बालो हाथां में लीदा पोथी-पानड़ा जी
लेखणी लीदी मूंठी में छिपाय
कँवर बाला यां ही पढ़ो जी॥
थां ने रेहबाने देस्यां मेड़ी-ओवरा जी
थांने पढ़बा ने देस्यां चतर साळ।
कँवर बाला यां ही पढ़ो जी॥
थां का गुरू ने जीमास्यां चकता चूरमा जी
थांका साथीड़ा ने जिमास्यां उजळा भात।
कँवर बाला यां ही पढ़ो जी॥
थांका गुरूजी ने देस्यां दखणी धोवत्यां जी
थांका साथीड़ा ने देस्यां नारेळ।
कँवर बाला यां ही पढ़ो जी॥

यहां, बच्चा छोटा है। काशी बहुत दूर है। अतः उसे रोकने के प्रयत्न में प्रलोभन दिए जा रहे हैं कि तुम यहीं रहकर पढ़ो। तुम्हें, अच्छा कमरा, गुरुजी को स्वादिष्ट भोजन, तुम्हारे दोस्तों को भी भोजन व उपहार दिए जाएंगे। अतः काशी मत जाओ, यहीं रहकर अपनी पढ़ाई करो।

जैसा पूर्व में कहा गया है, कर्ण छेदन या कान बिंधाने का भी एक आवश्यक संस्कार था, जो अब गाँवों में और राजपूत-परिवारों में कहीं कहीं बचा रहा गया है। लड़कियो के तो कान और नाक बिंधाए जाते हैं, जबकि लड़कों के केवल कान ही बिंधाए जाते थे। इस बारे में गीत की कुछ पंक्तियां–

म्हारा लाल के सोनी ने बुला दूं
म्हारा लाल के सोनी ने बुला दूं
काचा कान बिन्दाऊँ
मीठो गुड़ मुखड़ा में मेलूं गोदी लेर सुलाऊँ
के सूजा म्हारा गिरधर लाल बाहरे हाबू आयो विकराल।।

विवाह-संस्कार, जीवन का विश्वव्यापी कर्म है, जो सभी देशों की सभी जातियों में किसी-न-किसी रूप में संपन्न होता ही है।

राजस्थान में तो विवाह, संपूर्ण जीवनकाल का सबसे अधिक आनन्द और उत्साह का संस्कार है, फिर वह चाहे बेटे का हो या बेटी का। यहां सबसे ज्यादा गीत विवाह संबन्धी हैं- और बीरा, मायरा, रतिजगा, बधावा जैसे गीत भी इस महासंस्कार के ही अंग हैं। प्रभाती, उबटन, घीमरी, लगन, घोड़ी-सेवरो, फेरा, बत्तीसी, बीरा, मायरा आदि अनेक प्रसंगों के गीत विवाह-संस्कार में परिगणित हैं। बेटी के लगन का एक गीत देखिए-

सोना रूपा रा दोय ओवरा
चन्दण जडूया जी किंवाड़।
जहां चढ़ सूता बाई रा दादासा
सूतायक जागो बाई रा दादासा
साजन ऊबा थांके बार
करो ने साजनियां सूं बीनती।।
हाथ जोड़'र करस्यां बीनती
देस्यां ब्याव रचाय।।

यह गीत, परिवार के सभी पुरुष सदस्यों के नाम लेते हुए गाया जाता है।

इसी तरह, विवाह का एक और गीत जो बड़ा ही महत्त्वपूर्ण है-

होले-होले चाले म्हारी अगन कँवारी
अगन कंवरी या तो होगी आज पराई।
पहलो तो फेरा लियो दादासा री पोती
आगे आगे बनड़ी ने लारे लाड़ जंवाई।।
दूजो तो फेरो लियो बेटी बाबोसा री
काळजै री कोर या तो बनड़ी बीरा सा री
अगन्यो फेरो लियो मामासा री भानजी।।

यह सात फेरे लेने तक इसी तरह आगे बढ़ाते हुए गाया जाता है, जिसमें बेटी के परायी हो जाने का दर्द खास तौर पर छिपा हुआ है।

लालन-पालन

सोलह संस्कारों में से प्रमुख और प्रचलित संस्कारों के वर्णन के बाद, वात्सल्य रस में भीगे लाड़-प्यार के गीतों का अपना महत्त्व है। कृष्ण भक्ति काव्य में सूरदास ने गजब ही किया है, उन्होंने जसोदा-कृष्ण प्रसंग के बहाने माँ-बच्चे के अपनत्व को अमर कर दिया है। उससे कुछ कम नहीं हैं राजस्थान के लालन-पालन वाले मधुर गीत।

एक गीत में बच्चा पालने में सोया है। उसे आते-जाते परिवार के सदस्य झूला देते हुए निकलते हैं, ताकि वह गहरी नींद में सोया रहे-

नान्या आया दादासा हीन्दो दे गिया
लाला आया काकासा हीन्दो दे गिया।
थोड़ा लाड़ लड़ाऊँ गोदयां आवरे
सूरजमल हीन्दे पालणै॥

इसी किस्म का एक और गीत, जिसमें बच्चे के दादा, काका, पिता सब परदेस में कमाने के लिए गए हुए हैं। पर, वे आते समय बच्चे के लिए जरूर मोतियों से जड़ी हरे रंग की टोपी खरीद कर लेते आएंगे-

नान्या रा दादासा दसावरां
नान्या रा काकासा दसावरां
वे तो गिया गुजरात, मांझल रात
नान्या रे टोपी मोलवे॥
ताकी हरियाली टोपी मोत्यां वाळी
मायड़ मन मौवे, बाबळ चित सौवे
नान्या रे सिर सौवे नान्या री टोपी अधखुली॥

बच्चे को भोजन कराते समय, माँ का हृदय कितना खुश होता है! एक लोक-भजन का अंश यहां द्रष्टव्य है-

माखन मिसरी को करो जी कलेवो
तो ऊबा छै यशोदा जिमाबा ने
बन्सी लेवो श्याम बजाबाने॥

एक गीतांश, वह जिसमें माँ बच्चे के काजळ-टीका कर रही है ताकि सुन्दर लगे और नज़र भी न लगे, इसके लिए उसे ललाट पर हथेली-पगतली में भी काली बिन्दियां जरूर लगाती है- जिसे 'बन्द' (यानी बिन्दी) कहा जाता है-

म्हारा रे लाल के सुरमो सराऊँ
देवूं हथेळयाँ बन्द
लालजी देवूं हथेळ्यां बन्द
मीरां के प्रभु गिरधर नागर
पूनम को सो चन्दा
के सूजा म्हारा गिरधर लाल
बारै हाबू आयो बिकराल॥

मर्यादा और जीवन-मूल्य

रिश्ते-नाते में मर्यादा, संयम और सहिष्णुता का भारी महत्त्व है। फिर एक कुलवधू को तो लाज-शर्म, मर्यादा निभाने का विशेष ही ध्यान रखना पड़ता है। हम यहां एक पूरा गीत, इस आशय का दे रहे हैं, जिसमें ससुराल जाती बेटी, पीहर और ससुराल दोनों तरफ की मंगल कामना के साथ अपने हृदय के विभिन्न भाव इस तरह प्रकट करती हुई चलती है-

चंनणियो कटाजे रे भँवर्या
पालकड़ो घड़ाजै रे भँवर्या
जणीं चढ़ जास्यां रे आपणे सासरे जी।
सासरिये रे गैले रे भँवर्या
होद खुदाजे रे भँवर्या
आती-जाती कुरळा छाँटस्यूं॥
आती-जाती छायां बैठस्यूं॥
सासरिया रो आंगण भँवर्या
देवर नणंदां भरियो रे भँवर्या
ज्यां बिच खेले छोटी नंणदोली जी॥
सासरिया रो जीमण भँवर्या
लापसडूयां रो कीजै रे भँवर्या
भेळै तो जींमे छोटी नणंदोली जी॥
सासरिया को जाबो रे भँवर्या

असड़ो तो लागे रे घणो सुवावणो जी।।
पीयरिया रो आंगण भँवर्या
ज्यां बिच खेलै छोटी बेनड़ी जी।।
पीयरिया रो जीमण भँवर्या
खीचड़ल्यां रो कीजे रे भँवर्या
भेळे तो जीमैं छोटी बेनड़ी जी।।
पीयरिया को जाबो रे भँवर्या
सायब को पहुँचाबो रे भँवर्या
असड़ो तो लागै घणों सुवावणो जी।।

इस लंबे गीत में एक काल्पनिक पात्र 'भँवर्या' जो उसका मानसिक दूत है, को संबोधित करती हुई, राजस्थान की गृहिणी ससुराल और पीहर दोनों कुलों के आनन्द और अपनत्व का मुक्त कंठ से यशोगान कर रही है।

वह अपने मनोदूत 'भँवर्या' को भीतरी भावना और इच्छा प्रकट करती हुई कह रही है कि तू मेरे लिए पालकी घड़वाना जिस पर बैठकर मैं ससुराल जाऊंगी। रास्ता लंबा है, सो बीच में जलाशय बनवाना, बगीचा भी लगवा देना, जहां स्नान-मज्जन के साथ मैं छाया में बैठ सकूंगी।

यही नहीं, सासरे के घर-आंगन की स्मृति में भावाकुल होकर कहती है कि वह देवर-नणंदों से भरा होगा, जिनके बीच छोटी-सी नणंद भी खेल रही होगी। सासरे के जीमण का भी क्या कहना। वहाँ लापसी बनवाना, जिसे पहले वह छोटी-सी नणंद जीमेगी और मेरी थाली में साथ में जीमेगी।

ससुराल में जाना भी कितना सुहावना लगता है, जब भय्या पहुँचाने आता हो।

ठीक इसी तरह जीवन का दूसरा मूल आकर्षण है, उसके पीहर का घर-आंगन। जहां भाई-भतीजे और छोटी-सी बहन खेलती होगी। पीहर के भोजन का भी आनंद अलग ही है। अतः 'भंवर्या' वहां मेरे लिए खिचड़ी बनवाना जो छोटी बहन मेरे साथ एक थाली में जीमेगी ससुराल से पीहर जाना तब और भी अच्छा लगता है, जब पतिदेव पहुँचने आए हों।

राजस्थान में प्रणाम करना, धोक देना कहलाता है। देवी-देवताओं और बड़ों को आदरपूर्वक धोक देने संबन्धी यह गीत भी यहां अवतरणीय है-

माता ऊबा रामचन्दरजी सेवा करै
माता लुळ लुळ देवे थारे धोग

दियाड़ी ए माता॥
माता ऊबी सासू बवाँ पाँवाँ पड़ै
माता ऊबी दौर जठ्याण्यां पांवाँ पड़ै
माता लुळ लुळ लागे थारे पाँव॥

इसके अलावा, घर को ही तीर्थराज मानकर, परिजनों में तीर्थ-भाव रखने का यह गीत भी यहां की संस्कृति का एक विशिष्ट रूप दर्शाता लगता है-

एक अरज म्हारी सुणो जी नवल बना
म्हांने करा दो चारूं धाम।
चारूं ही धाम बनी घर में समझलो
कुटम कबीलो परवार॥
ससुराजी ने बद्रीनाथ समझलो
सासूजी गंगाजी को नीर॥

इसी क्रम में जेठजी को जगन्नाथ, जिठानी को भागीरथी, देवर को लक्ष्मीनारायण, दौराणी को लक्ष्मी, नणंद को सुभद्रा नणंदोई को अर्जुन समान और अन्त में पति को ही परमेश्वर, समझकर यहां की कुलवधू को घर में ही चारों धाम और सारे तीर्थ मान लेने का सुझाव दिया गया है। क्यूंकि परंपरागत रूप से राजस्थान में बहुओं को घर से बाहर यात्रा पर ले जाना उचित नहीं माना जाता।

बौद्धिक परीक्षा के गीत

राजस्थान में पहेलियां, ठेळियां और पारसी (यानी फारसी भाषा जैसी कठिन और दुर्बोध) पूछकर उनका अर्थ बताने का मनोरंजन बहुत पुराना चला आ रहा है। यह प्रभाव, यहां की स्त्रियों द्वारा बनाई गई निम्नलिखित पहेलियों से पहचाना जा सकता है। जिसमें जँवाई की पूछ-पूछ कर परीक्षा ली गई है और उस आधार पर उसकी बौद्धिक क्षमता को आँकने का मनोभाव दृष्टिगोचर होता है। नणंदोई से भी ऐसी पारसी पूछी जाती है- साली-सलहज और उनकी सहेलियों के द्वारा। इसके कुछ उदाहरण यहां प्रस्तुत हैं-

(1)

बाप भंडारी बेटो चौधरी
पोतो न्याव चुकाय।
खोलो रा जंवाई म्हांकी पारसी
नींतर हारो थांकी मांय॥

मांय हार्यां जी पूरो न पड़ै
चांद्या सेकेलो कूंण
चतर गौरी का मौजी सायबा
म्हां को अरथ बताय॥

(अर्थ: भांडो-ढाँकणो और कळस)

(2)

डूंगर बायो लालरो जी जंवाई सा
ऊग्यो घेर-घुमेर।
आई छाळ्यां चर गई जी जंवाई सा
बिन दाढाँ बिन दाँत'क
अंतर कपटी छौ जी
म्हारा बाईसा का चाकर छौ जी
जँवाई सा बोलो अमरित बोल॥

(उत्तर: दाँतळी-घास काटने की)

(3)

ओवरा में ओवरो जी
जीं में करूं रसोई।
आलीजा की याद आई
धूँआँ के मस रोई॥
जँवाई म्हांकी ठैळी को पड़ खोलो जी
नींतर थांकी माँयड़ ने गैणे मेलो जी।
नींतर गाबा वाळ्यां ने साई सूंपो जी॥

(उत्तर: प्याज)

(4)

काळो नाहरो जी काबरो
टांड्यो पंचां के मांय।
म्हारा सजनां का लाल
जीको अरथ बताय॥
बाला जंवाई छौ जी राज

म्हांने बोल सुणाय।।

(अर्थ: बिजली व मेघ गर्जना)

(5)

नौ जाया नो पेट में जी जँवाई सा
नौ नान्देरे जाय।
हुकम करो तो औरी जणूं जी
जँवाई सा काळ पड्यां कंई खाय।।
के अंतर कपटी छौ
धण सूं छोटा छौ
बाई सा का चाकर छौ
जँवाई सा बोलो अमरित बोल।।

(उत्तर: काचरी की बेल)

(6)

पाँच बरस की डावड़ी जी जंवाई सा
अस्सी बरस को बीन्द।
वांने भावै खेलबो जी जँवाई सा
वांने आवै नीन्द क
अंतर कपटी छौ
धण सूं छोटा छौ
बाईसा का चाकर छौ जी
जँवाई सा बोलो अमरित बोल।।

(उत्तर: सुई-धागा)

(7)

तेर्हा आया पावणां जी जंवाई सा
रोटी पोई एक।
तेर्हा पाँवणा जीमग्या जी जँवाई सा
रोटी रह गई एक-के
अंतर कपटी छौ
धण सूं छोटा छौ

बाईसा का चाकर छौ जी जँवाई सा
बोलो अमरित बोल॥

(उत्तर: केलड़ी यानी मिट्टी का तवा)

उपर्युक्त मनोरंजक पहेलियां हमें आठ सौ बरस पहले के अमीर खुसरो की याद दिलाती हैं और इनसे यह भी सिद्ध होता है कि बौद्धिक उलझन में डालकर पहेली का अर्थ पूछना भी साहित्य, संस्कृति और सामाजिक जीवन का एक अपरिहार्य अंग है।

निष्कर्ष यह है कि राजस्थान की संस्कृति के विभिन्न पक्षों- रीति-रिवाज़ और परंपराएं, पर्व-त्यौहार, आभूषण और शृंगार, नृत्य, गायन, सोलह संस्कार जिनमें विवाह और शिशु-जन्म प्रमुख हैं, लालन-पालन, जीवन के मूल्य और शील-मर्यादा और बौद्धिक परीक्षण का रसमय और विविधतापूर्ण रोचक चित्रण यहां के लोकगीतों में भरा पड़ा है। इन गीतों में छिपे साहित्यिक तत्व भी संस्कृति में अन्तर्ग्रथित माने जा सकते हैं।

❍

अध्याय: 9

उपसंहार

जिन गीतों के प्रसंग, भाव और मर्म की अब तक चर्चा की गई, वे सारे गीत राजस्थान की स्त्रियों द्वारा रचे गए हैं। उन स्त्रियों के नाम-पते कोई नहीं जानता, क्यूंकि लोकगीतों की यही प्रकृति है। वे स्त्रियां 'लोक' में समाहित हैं। लोक स्वयं एक चिरंतन परंपरा है।

स्त्री, सेवा और त्याग की पर्याय है। स्त्री के जीवन और मनोभावों को जानना हो तो 'स्त्री का जन्म' लिए बिना नहीं जाना जा सकता। मीरा भी भक्त थी और कबीर भी। परन्तु मीरा की वेदना की बराबरी कबीर नहीं कर पाए।

अगर ये गीत नहीं होते, तो स्त्रियों का क्या होता? वे घुट-घुट कर अपने घूंघट को आंसुओं से तर करती हुई या तो अल्पायु में ही संसार से विदा हो जातीं या अनेक मनोविकारों से ग्रस्त हो जातीं। अतः इन गीतों ने स्त्रियों को जीवित रखा, सामान्य और 'नॉर्मल' बनाए रखा, इन गीतों के द्वारा यहां की स्त्रियों ने अपने भोगे हुए कष्टों, ताने-उलाहने सहन करने की पीड़ा और दुःखों का विरेचन कर दिया और वे हँसती-मुस्कराती जीवन के कण्टक-पथ पर चलती रहीं। सुबह से शाम तक घर और खेत पर अनथक श्रम से खटती रहीं, लेकिन साथ ही इन गीतों को मन ही मन गुनगुनाती रहीं। यही राजस्थान की स्त्री-जाति की प्रबल जिजीविषा और जीवनी-शक्ति का रहस्य है।

बार-बार इन गीतों में यह उल्लेख स्त्री की शिकायत के रूप में आता है कि सुसरा सा, सायब जी, जेठजी, सासूजी, जिठानी जी, नणंद बाई सा- 'मोसा बोलिया।' यानी, नाराजगी और गुस्से में बातें कहीं। इन सबसे उबरने का उसके पास यह एक ही उपाय था- गीत गाकर उन कष्टों-पीड़ाओं को हवा में उड़ा देना। इससे, हटकर ये समस्त लोकगीत राजस्थान की गर्व करने लायक साहित्यिक विरासत है। अब, जब कि ये गीत, बदले हुए नए परिवेश में लुप्त होने के कगार पर हैं- इनका दस्तावेजीकरण होने लगा है। कई व्यक्तियों, शोधकर्त्ताओं और संस्थाओं ने इन लोकगीतों की अमूल्य

थाती को बचाने का, संरक्षण का प्रयास किया है, जिसमें इस पुस्तक की लेखिका का भी विनम्र योगदान रहा है। राजस्थानी लोकगीतों के लिप्यंकन, संपादन, ध्वन्यंकन के साथ दो पुस्तकें और ऑडियो सी.डी. प्रकाश में लाई गई हैं। इसी क्रम में लोकगीतों के साहित्यिक-सांस्कृतिक अवदान की यह पुस्तक भी लोकार्पित है।

ठेठ वैदिक साहित्य से जुड़ी गर्भ-नाल को टटोलते हुए, राजस्थान के लोकगीतों में प्राकृतिक सौन्दर्य, वनस्पति और औषधियां, सामाजिक-पारिवारिक मूल्य, नारी-जाति की स्थिति और यहां के सांस्कृतिक वैभव की थाह ली गई है।

इस इक्कीसवीं सदी के शोर भरे 'ग्लोबल' वादी नारे के जवाब में, हमारे अपने-अपने क्षेत्र-अंचल के परंपरा-समृद्ध 'लोकल' रंग को भरसक बचाना चाहिए। यहां, हमने ठीक ऐसा ही विनम्र प्रयास किया है।

लेखिका से लोकगीत पर संवाद

डॉ. रेणु व्यास, सहायक प्रोफेसर, हिन्दी विभाग, राजस्थान विश्वविद्यालय, जयपुर द्वारा इस पुस्तक की लेखिका श्रीमती चन्द्रकान्ता से लोकगीत की महत्ता को लेकर बातचीत की गई, जिसका लिखित रूप इस प्रकार है:

डॉ. रेणु: राजस्थानी लोकगीतों पर आपकी इस पुस्तक में क्या नई बात कही गई है, जो इस विषय को अन्य पुस्तकों में नहीं पाई जाती?

चन्द्रकान्ता: मेरा उद्देश्य इसमें खासतौर से यह दिखाना था कि जो भाव और विचार वैदिक मन्त्रों में व्यक्त किए गए, वे सब राजस्थान के इन लोकगीतों में अज्ञात काल से विद्यमान हैं। इससे यह सिद्ध होता है कि लोक और वेद यानी शास्त्र का सीधा संबन्ध है। इस स्थापना के लिए पहला अध्याय ही काफी है, जिसका शीर्षक है- 'राजस्थानी गीत और वैदिक साहित्य।'

डॉ. रेणु: अच्छा, तो यह बताइए कि लोक और वेद-शास्त्र का आपसी रिश्ता किस प्रकार का है और क्यों है?

चन्द्रकान्ता: दरअसल, बात यह है कि लोक से वेद-शास्त्र उत्पन्न हुए हैं। वेद-शास्त्र से लोक नहीं रचा गया। विश्व की सारी कलाएं, संगीत, नृत्य, ज्ञान इत्यादि लोक-मानस से उपजी हैं। संस्कृत में एक कहावत है- "लोके च वेदे च" यानी जो लोक-गीतों व लोक साहित्य में दुहराया गया है। आदि शंकराचार्य ने इस बाबत एक बहुत अच्छी युक्ति कही है कि 'तरंगें समुद्र की कहलाएंगी, समुद्र कभी तरंगों का नहीं कहलाएगा।' "सामुद्रो हि तरंग: क्वचन समुद्रो न तारंग:।"

डॉ. रेणु: यह जानकर बड़ा सन्तोष हुआ कि शास्त्रों की अपेक्षा लोक का दायरा बड़ा है और परिवर्तनशील है। शास्त्र में जहां कट्टरता का दोष आ जाता है, वहीं लोक-रचना में सदा कालानुसार बदलाव आते रहते हैं, जो अधिक प्रशंसनीय और वरेण्य है।

चन्द्रकान्ता: हाँ! यही मैं कहना चाहती हूँ कि मनुष्यमात्र की जो मूल प्रवृत्तियाँ हैं,

खास तौर पर स्त्रियों की- वे इन लोकगीतों में कलात्मक तरीके से अभिव्यक्त हुई हैं। घर में गाएं हो, दूध-दही हो, अच्छी स्वस्थ सन्तानें हों, सुख-समृद्धि बनी रहे- ये सारी चीजें ऋग्वेद में मिलेंगी तो, ठीक वैसे ही इन गीतों में भी कहा गया है, जिनका विस्तार से मैंने तुलनात्मक वर्णन किया है।

डॉ. रेणुः इस पुस्तक में आपने और क्या-क्या नई बातें कही हैं?

चन्द्रकान्ताः लोकगीतों का भाव-सौन्दर्य, नारी की आकांक्षाएं, सन्तान के प्रति वात्सल्य भाव, गहनों की चाह, पारिवारिक सुख-दुख और भाई-बहनों के भावाकुल रिश्तों की पहचान के साथ राजस्थान की सामाजिक व आर्थिक संरचना का भी इसमें रोचक वर्णन किया गया है।

इसके अलावा, यहां की संस्कृति, परंपराएं, रीति-रिवाज़, व्रत-त्योहार, शृंगार, वेशभूषा, संस्कार और मान-मर्यादा गीतों में विवेचन के माध्यम से रेखांकित की गई हैं।

डॉ. रेणुः आजकल प्राकृतिक संपदा की चिन्ता इकोलोजी और पर्यावरण की चर्चा दुनियाभर में हो रही है। इस प्रसंग का कोई उल्लेख क्या आपकी किताब में हुआ है?

चन्द्रकान्ताः हाँ, हाँ! क्यों नहीं। पूरे दो अध्याय वनस्पति जगत् और प्राकृतिक सौन्दर्य को केन्द्र में रखकर लिखे गए हैं। वृक्ष, सरोवर, पशु-पक्षी, सूर्य, चन्द्रमा, पर्वत आदि के मोहक वर्णन लोकगीतों में कहां-कहां हैं- यह अनेक उदाहरणों से बताया गया है।

डॉ. रेणुः तब तो, राजस्थान की लोक-संस्कृति, साहित्य और परंपरा की यह एक ज़रूरी पूर्ति आपके द्वारा हुई है। लोकगीतों की वर्तमान उपेक्षा पर यहां की स्त्रियां और विद्वान शोधकर्तागण इससे लाभ उठा सकेंगे। आपको बहुत-बहुत धन्यवाद।